U0135213

ECLIPSE

**Max
Horkheimer**

OF

理性之蚀

〔德〕马克斯·霍克海默 著

郑兴 译

REASON

上海人民出版社

以心血和智慧服务法治中国建设

——华东政法大学70周年校庆文丛总序

华东政法大学成立70周年了！ 70年来，我国社会主义法治建设取得一系列伟大成就；华政70年，缘法而行、尚法而为，秉承着"笃行致知，明德崇法"的校训精神，与共和国法治同频共振、与改革开放辉煌同行，用心血和智慧服务共和国法治建设。

执政兴国，离不开法治支撑；社会发展，离不开法治护航。习近平总书记强调，没有正确的法治理论引领，就不可能有正确的法治实践。高校作为法治人才培养的第一阵地，要充分利用学科齐全、人才密集的优势，加强法治及其相关领域基础性问题的研究，对复杂现实进行深入分析、作出科学总结，提炼规律性认识，为完善中国特色社会主义法治体系、建设社会主义法治国家提供理论支撑。

厚积薄发七十载，华政坚定承担起培养法治人才、创新学术价值、服务经济社会发展的重要职责，为构建具有中国特色的法学学科体系、学术体系、话语体系，推进国家治理体系和治理能力现代化提供学理支撑、智力支持和人才保障。砥砺前行新时代，华政坚定扎根中国大地，发挥学科专业独特优势，向世界讲好"中国之治"背后的法治故事，推进中国特色法治文明与世界优秀法治文明成果交流互鉴。

"宛如初升的太阳，闪耀着绮丽的光芒"——1952 年 11 月 15 日，华东政法学院成立之日，魏文伯院长深情赋诗，"在这美好的园地上，让我们做一个善良的园工，勤劳地耕作培养，用美满的收获来酬答人民的期望"。1956 年 6 月，以"创造性地提出我们的政治和法律科学上的成就"为创刊词，第一本法学专业理论性刊物——《华东政法学报》创刊，并以独到的思想观点和理论功力，成为当时中国法学研究领域最重要的刊物之一。1957 年 2 月，更名为《法学》，坚持"解放思想、不断进步"的治学宗旨，紧贴时代发展脉搏、跟踪社会发展前沿、及时回应热点难点问题，不断提升法学研究在我国政治体制改革中的贡献度，发表了一大批高水平的作品。对我国立法、执法和司法实践形成了重要理论支持，在学术界乃至全社会产生了巨大影响。

1978 年 12 月，党的十一届三中全会确定了社会主义法制建设基本方针，法学教育、法学研究重新启航。1979 年 3 月，华东政法学院复校。华政人勇立改革开放的潮头，积极投身到社会主义法制建设的伟大实践中。围绕"八二"宪法制定修订、土地出租问题等积极建言献策；为确立社会主义市场经济体制、加入WTO 世界贸易组织等提供重要理论支撑；第一位走入中南海讲课的法学家，第一位 WTO 争端解决机构专家组中国成员，联合国预防犯罪和控制犯罪委员会委员等，都闪耀着华政人的身影。

进入新世纪，在老一辈华政学人奠定的深厚基础上，新一代华政人砥砺深耕，传承中华优秀传统法律文化，积极借鉴国外法治有益成果，为中国特色社会主义法治建设贡献智慧。16卷本《法律文明史》陆续问世，推动了中华优秀传统法律文化在新时代的创造性转化和创新性发展，在中国人民代表大会制度、互联网法治理论、社会治理法治化、自贸区法治建设，以及公共管理、新闻传播学等领域持续发力，华政的学术影响力、社会影响力持续提升。

党的十八大以来，学校坚持以习近平新时代中国特色社会主义思想为指导，全面贯彻党的教育方针，落实立德树人根本任务，推进习近平法治思想的学习研究宣传阐释，抓住上海市高水平地方高校建设契机，强化"法科一流、多科融合"办学格局，提升对国家和上海发展战略的服务能级和贡献水平。在理论法学和实践法学等方面形成了一批"立足中国经验，构建中国理论，形成中国学派"的原创性、引领性成果，为全面推进依法治国，建设社会主义法治国家贡献华政智慧。

建校70周年，是华政在"十四五"时期全面推进一流政法大学建设，对接国家重大战略，助力经济社会高质量发展的历史新起点。2022年，学校将以"勇担时代使命、繁荣法治文化"为主题举办"学术校庆"系列活动，出版"校庆文丛"即是其重要组成部分。学校将携手商务印书馆、法律出版社、上海人民出版社、北京大学出版社等，出版70余部著作。这些著作包括法学、政治学、经济学、新闻学、管理学、文学等多学科的高质量科研成果，有的深入发掘中国传统法治文化、当代法学基础理论，有的创新开拓国家安全法学、人工智能法学、教育法治等前沿交叉领域，有的全面关注"人类命运共同体"，有的重点聚焦青少年、老年人、城市外来人口等特殊群体。

这些著作记录了几代华政人的心路历程，**既是**总结华政70年来的学术成就、展示华政"创新、务实、开放"的学术文化；**也是**激励更多后学以更高政治站位、更强政治自觉、更大实务作为，服务国家发展大局；**更是**展现华政这所大学应有的胸怀、气度、眼界和格局。我们串珠成链，把一颗颗学术成果，汇编成一部华政70年的学术鸿篇巨作，讲述华政自己的"一千零一夜学术故事"，**更富特色地**打造社会主义法治文化引领、传承、发展的思想智库、育人平台和传播高地，更高水准地持续服务国家治理体系和治理能力现代化进程，**更加鲜明地**展现一流政法大学在服务国际一流大都市发展、服务长三角一体化、服务法治中国建设过程中的新作为、新担当、新气象，向学校70年筚路蓝缕的风雨征程献礼，向所有关心支持华政发展的广大师生、校友和关心学校发展的社会贤达致敬！

七秩薪传，续谱新篇。70年来，华政人矢志不渝地捍卫法治精神，无怨无悔地厚植家国情怀，在共和国法治历史长卷中留下了浓墨重彩。值此校庆之际，诚祝华政在建设一流政法大学的进程中，在建设法治中国、实现中华民族伟大复兴中国梦的征途中，乘风而上，再谱新章！

郭为禄　叶　青

2022年5月4日

目录

序 言

    本书的研究成果试图将哲学思考中的当前**困境**与人类未来前景的具体难题联系在一起。

    不同国家的其他作者已经对当前的经济和社会问题进行了出色而广泛的论述。本书试图采取一种不同的路径，它试图去探讨决定当代工业文化基础的合理性①（rationality）概念，从而去发现这个概念本质上是否包含损害自己的缺陷。

    在写作本书的当下，民主国家的各个民族正在面临着如何使自己的胜利最终完成的问题。他们必须制定并且实施人道原则，而战争中的牺牲正是因为这一原则而付出的。当前的社会成就的潜力远远超出所有那些曾在其乌托邦计划中勾勒"真正人类社会"这类观念的哲学家们和政治家们的期待。不过，当前一种

---

    ① 基于当前学界通行的区分，下文中 rationality 一般翻译为合理性，reason 翻译为理性。——译注

1

普遍的恐惧和幻灭的感觉依然存在。然而即便相比于最早一批人文主义者构想出人类之"希望"的茫然摸索时代，今天这些"希望"似乎距离得到实现越来越远了。看起来即便技术性知识拓展了人类的思想和活动的视野，他作为个体的自主性、他抵抗日益增长的操纵大众之机构的能力、他的想象能力、他的独立判断能力似乎都在削弱。伴随启蒙的技术设施的进步的是非人化的过程。这一进程使得它曾经设想要去实现的目标——"人"的观念——面临被废除的危险。这个情况是不是整个社会的普遍上升的某个必要阶段，或者它是否将使得刚被击垮的新野蛮主义再度在战场上出现，至少一定程度上取决于，我们能否准确阐释当前在公众思想和人类本性中正在发生的关键变化。

以下各章节代表的是一种阐明这些根本性变化的哲学意蕴的努力。为了实现这一目的，似乎有必要探讨一些普遍盛行的、作为我们文明某些层面之折射的思想流派。笔者这么做并不是要去提倡某种行动方案。恰恰相反，笔者认为，想要把每一种观念都转化成行动，或者转化成一种主动节制行动的倾向，正是现代文明危机的一种征候：为行动而行动绝不比为思考而思考更高级，甚至比后者更低级。在我看来，正如我们的文明所理解和实践的那样，持续进展中的"合理化"进程正趋于将理性的真正本质消灭，而"合理化"进程正是以"理性"之名为人们所拥护的。

本书几个章节的一部分是在1944春季我于哥伦比亚大学所做的几次公共讲座内容的基础上完成的。目前呈现出来的样貌某种程度上反映的只是这些讲座内容的原初结构，而未能努力让材料呈现出更为紧凑的组织结构。这些讲座当时试图以简要形式概述我近年来和阿多诺（Adorno）^①一起合作而成的综合性哲学理论的某些方面。已经很难说到底哪些想法是从他的头脑中产生，哪些是从我的头脑中产生。我们的哲学已经是一个整体。我的朋友洛文塔尔（Lowenthal）^②在合作中的不懈付出以及他作为一个社会学家的建议也为此书作出了极为珍贵的贡献。

最后，必须一直要承认的是，如果离开了过去二十年来"社会研究所"所提供的物质上的保障和智识上的团结，我的所有作品都是不可想象的。谨此铭记。

麦克斯·霍克海默（Max Horkheimer）

社会研究所（哥伦比亚大学）

1946 年 3 月

---

① 阿多诺，即西奥多·阿多诺（Theodor Adorno，1903—1969），德国哲学家，法兰克福学派第一代的代表人物，和霍克海默同为法兰克福研究所重要成员，二人合著有《启蒙辩证法》，个人专著有《否定辩证法》《美学理论》等。——译注

② 洛文塔尔（1900—1993），即列奥·洛文塔尔，德国哲学家、社会学家，法兰克福学派第一代重要成员之一，著有《文学与大众文化》《文学与人的形象》等。——译注

第一章　手段与目的

当普通人被要求解释"理性"（reason）这个术语的含义时，他的反应几乎总是犹豫或者尴尬。将这解读为智慧太深奥、思想太艰深因而无法用语言表达，其实是错误的。它其实透露的是我们的一种感觉，即这个概念里其实并无深意，这个概念不言自明，因而这个问题本身也就是多余的。如果非要追问他，这个人会说，合乎"理性"的事物就是那些显而易见"有用"的事物，而每个有"理性"的人应该有能力决定什么对他来说是"有用"的。当然，每一种情境的具体条件，比如法律、风俗和传统，都应该被置于考虑的范围内。但是，最终使得理性行动得以可能的力量是分类、推理和演绎的能力，是思维机制的抽象运作，而无关乎具体内容是什么。这种类型的理性可以被称为**主观理性**（subjective reason）。主观理性从根本上来说关注的是手段与目的①，关注所采用的程序是否适合实现目的——这里的目的或多或少被认为是理所当然或者是无需解释的。目的本身是否合乎理性对它来说几乎是不重要的。如果它确实关注目的，它会认为目的在主观意义上就是理所当然也是合乎理性的，也即，它们服务于主体自我保存的利益，无论是单个个体的利益，还是个体利益赖以维系的社群的利益。主观理性从根本上无法接受这样的观念，即目的可以因自身而合乎理性，目的可以因为洞察力揭示内在德性，而不需要在乎主观的获益或好处。即便在某些地方这一观念所考虑的超出了直接实用价值的层次，完全专注于思考整体社会秩序，情况也是如此。

不管这一关于理性的定义看起来如何天真或者肤浅，它是一个世纪以来西方思想界已然发生的根本性世界观变化的一个重要征候。很长时间以来，还盛行着另一种完全相反的理性观念。这种观念将理性的存在认定为一种力量，而此种力量不仅存在于个人的头脑中，也存在于客观世界中，比如存在于人际关系中，社会各阶层之间，存在于自然之中，以及在自然的各种表现之中。那些重要的哲学体系——比如说柏拉图和亚里士多德的体系，经院哲学的体系，以及德国唯心论——就是建立在一种理性的"客观性"之上。这种理论旨在发展出一种包含所有存在者（beings）的综合体系或分级结构，人类与其目的也会被包含

----

① 虽然 means and ends 经常被翻译成"手段和目的"，但是这一段行文中的"concerned with means and ends"翻译成"关注的是手段和目的"从语法来说虽说并无大碍，但容易给读者造成误解，实际上此处霍克海默指的是"关注以何种手段达成目的"，霍克海默这里实际上非常明确，对主观理性来说，某种手段最终**是否能够达成目的**才是最重要的，这一"达成"是要为主体的利益服务的，至于目的本身怎么样对主观理性来说并不重要。特此说明。——译注

在体系之中。与这个"总体"的和谐程度决定一个人的生活在多大程度上合乎理性。这种整体的客观结构（不仅仅是人和他的目的）将成为衡量个人思想和行为的标杆。这种理性概念从未排除"主观理性"，只是将"主观理性"视为"普遍合理性"(universal rationality)中的一种部分的、有限的表现，而所有的物和存在者的标准都源于这种"普遍合理性"。其重点是在目的而不是在手段。此种思想的最高努力是使"合乎理性"的客观秩序（就像是哲学所构想的）和包含自我利益、自我保存在内的人类存在相契合。比如说，柏拉图在《理想国》中致力于去证明，依据**客观理性**（objective reason）生活的人也就会拥有成功、快乐的人生。客观理性的理论并不专注于协调行为和目的，而是专注于概念（无论这样的概念对今天的我们来说是如何充满神话色彩），专注于"至善"的观念，专注于人类命运的问题，以及专注于终极目标的实现方法。

对这样的理论而言，理性是现实本身所固有的一个准则，而这种理论和那种相信理性是一种主观心智能力的理论之间，存在着根本区分。对后一种理论而言，只有主体才真正具有理性：如果我们说某一个机制或者另外某个现实是"理性的"，我们一般就在意指，人们已经合理地组织它，或者说人们已经在致力于以一种或多或少技术性的方式去使用其逻辑和计算的能力。最终，"主观理性"也就是一种计算概率的能力，因而也就是将正确手段和给定目标协调起来。这样的定义似乎契合许多杰出哲学家的思想，尤其是约翰·洛克[①]以来的英国思想家。当然，洛克没有

---

① 约翰·洛克（John Locke，1632—1704），英国经验主义哲学家，启蒙思想家，著有《论宗教宽容》《人类理解论》《政府论》等。——译注

忽略其他可能会被归入同一类别的心智能力，比如辨识和反思。但是，这些功能当然也会为手段和目的的协调一致作出贡献，毕竟这就是科学的社会关怀所在，在某种程度上，它就是社会生产进程中的理论的"存在理由"(raison d'être)。

在主观主义者眼中，当"理性"被用来暗示某事物或者某个观念，而非某个行动时，它仅指涉该对象或概念和某个目的之间的关系，而不会是这个对象或者概念本身。它意味着该对象或者这个观念对别的东西来说是有好处的。并无所谓"合乎理性"的目的，此外，从理性的角度去讨论某个目的比另一个目的更优越也是没有意义的。从主观的角度出发，只有当两种目的都服务于某个第三目的或者某个更高目的时，那也就是此二者都是手段而非目的时，这样的讨论才有可能。①

"理性"的这两种概念之间不单单是一种对立关系。从历史上看，理性的主观维度和客观维度从一开始就都已存在，只是

———

① "理性"的内涵和"客观主义"(objectivistic) 概念之间的区分，其实某种程度上类似于韦伯学派 (Max Weber School) 所使用词汇中的"功能合理性" (functional rationality) 和"实质合理性"(substantial rationality) 之间的区分，然而，韦伯本人却明确地坚持"主观主义"的倾向，即他没有构思出任何此类"合理性"，也没构思出"实质上"的"合理性"，使得人们可以借此将一个事物和另一个事物差别对待。如果说，我们的驱力、意图以及最终决定必定"先验地"(a priori) "不合理"，"实质理性"即成为某种纯粹关联性的"能动性"(agency)，因而从本质上来说其自身即是"功能性"的。尽管在韦伯自身和他的追随者关于知识的科层化和垄断化的描述里，从"客观理性"到"主观理性"的转换很大程度上于社会层面起到了启蒙作用 [特别见于卡尔·曼海姆 (Karl Mannheim) 在《人与社会》(*Man and Society*, London, 1940) 一书中的分析]。正如在其哲学 [《学术作为一种志业》(Wissenschaft als Beruf., *Gesammelte Aufsätze zur Wissenschaftslehre*, Tübingen, 1922)] 中所表现出来的那样，韦伯关于理性思考和理性行动方面的悲观自身即是对着定义"人之目标"之雄心的哲学和科学宣告放弃的第一步。——原注

在很长一段时间之后，前者才取得了对后者的优势地位。理性（reason），就其固有的"逻各斯"（logos）或者"理"（ratio）意义层面来说，其实一直本质上都和主体相关，和主体的思考能力相关。所有曾经表示这一意思的术语都是表达"主观"维度的；因而希腊语就有从 λέγειν（"去说"）① 衍生出来的词，专指主观层面的言说能力。思想的主观能力曾是驱除盲信的关键能动者（agent）。但是，当思想的主观能力在将神话当成虚假客观性，也即当成一种主体的创造物时，它必须使用一种它认为适当的概念。因而，它就总是发展出一种它自己的客观性。在柏拉图主义中，来自星体神话的毕达哥拉斯数字论被转换成一种"理念理论"（theory of ideas），这种理论将思想的最高层次内容界定为一种绝对的客观性，这一客观性虽然和思想能力有关，但最终超于思想能力层次之上。理性的当前的危机从根本上来说是在于这样一种事实，即在某种程度上思想要么根本上逐步丧失了去构想此种客观性的能力，或者干脆否定这种客观性，将其视为一种错觉。这一进程逐步扩展，以至于将每种理性概念的客观内容包含在内。最终，没有任何一种特定的现实能够"就其本身来说"就看起来是"合乎理性"的。所有的基本概念，在内容被掏空后，就已经只是一种形式的外壳。当理性被主观化时，它也就被形式化。②

---

① λέγειν 在古希腊语中是 λέγω 一词的"现在时不定式主动态"形式，而 λέγω 这一动词的原意是"我说"或者"我使其形成秩序"。虽然核心含义相通，但 λέγω 才是动词原型，而 λέγειν 是一种变位，此处霍克海默的表述有失准确。——译注

② "主观化"（subjectivization）和"形式化"（formalization）这样的词，尽管在很多方面并不完全意思相同，但是实际上在本书中是基本当成同样的意思来使用的。——原注

理性的"形式化"在理论和实践层面意义深远。如果说，主观主义的视野是正确的，思想在决定目标自身的"合意性"方面起不到任何帮助。理想典范的可接受性、我们目标和信念的标准、伦理和政治的首要原则，以及我们做出所有终极决定都是取决于理性之外的其他方面因素。它们只是被认为是事关选择和偏爱，在做出实践、道德和美学的选择时，谈论真理（truth）已经没有意义。罗素①这个所有主观主义者之中最具客观主义特质的思想家说："一个'事实判断'（judgment of fact）是可以具备'真理'的特质的，它有或者没有这个特质，和任何人对它所想象的内容无关……但是……但是，我没有看到类似'真理'的特质属于或不属于一个'伦理判断'（ethical judgment）。必须承认，这将伦理学置于和科学不同的另一个范畴之中。"②但是，罗素比其他人更加感觉到这样的理论不可避免地被牵扯进来后的种种困难，"一个'不一致'的体系所包含的虚假要远小于一个'一致'的体系"。③尽管罗素的哲学坚持"终极的伦理价值是主观的"，④他自己似乎还是将人类行为的客观性的伦理特质和人类对这一特质的感受这二者区分开来，"那种我会视作恐怖的恐怖事物"（What is horrible I will see as horrible）。罗素有保持"不一致"的勇气，因此他拒绝了自身"反-辩证"逻辑中的某些方面，从而能够同

---

① 此处指伯特兰·罗素（Bertrand Russell，1872—1970），英国哲学家，数学家，文学家，分析哲学的创始人之一，曾获得1950年诺贝尔文学奖，代表作有《西方哲学史》《哲学问题》等。——译注

② Bertrand Russell, "Reply to Criticisms", in *The Philosophy of Bertrand Russell*, Chicago, 1944, p.723.——原注

③ Ibid., p.720.——原注

④ Ibid.——原注

时将一个哲学家和一个人道主义者兼于一身。假使他为了"一致性"非要贯彻他的科学理论,他将不得不承认,恐怖的行为抑或不人道的状况并不存在,他所看到的邪恶只是一个幻觉。

根据这样的理论,思想为任何特定的努力服务,不管后者是好是坏。它是社会的所有的行动的工具,但是它绝不尝试去为社会生活和个体生活设定某种范本,因为社会生活和个人生活被认为是由其他力量所设定。在非专业的讨论以及在科学的讨论中,理性已经逐步被普遍认为是一种智识的协调能力,通过有条不紊的使用,以及通过驱除有意识的情感或者无意识情感之类的非智识因素,就可以增进这一能力的功效。理性从来没有真的引导社会现实,但是,现在理性已经被如此彻底地去除了任何某个特定的趋向或者偏好,以至于即便是评判人类行为或生活方式这样的任务它都已经放弃了。理性已经将这些行为或者方式移交给相互冲突的利益去做出终极裁决,这些利益似乎已经主导了我们的世界。

这种将理性降级到某个次要位置的做法和资产阶级文明的先驱者的观念形成鲜明反差,而这些先驱者是新兴中产阶级的精神和政治代表。这些人曾共同宣称,理性在人类行为中扮演引导的角色,甚至处于支配地位。一个立法机构,当其法律服从于理性时,则会被他们定义成"英明"的立法机构。人们根据其是否跟随理性的路线,评判国家和国际间的政策。理性被认为是用来规范我们的偏好,以及用来规范我们和人类、自然之间的关系。它被认为是一种实存、一种居住在每个人体内的精神力。这种力量一直被当成是一种终极的仲裁者,或者更准确地说可能更甚于此,即当成一种我们应该为之投入终身的观念和事物背后的创造性力量。

今天，如你被传唤去某个交通法庭，法官问你，你的驾驶是否合乎理性，他的意思是：你是否曾尽你所能去保护你自己和他人的生命和财产安全，以及是否遵守法律。他言下之意假定的就是，这些价值必须被尊重。他所质疑的只是，就这些普遍被认同的标准而言，你的行为是否合适。在大多数情况下，合乎理性意味着不固执，这也就反过来指向按照现实的本来面貌去顺从现实。调整的原则被视为理所当然。当"理性"的观念被设想时，其意图就是为了可以比单纯调整"手段-目的"关系做到更多：它被认为是一种理解目的的工具，**从而可以确定目的**。苏格拉底殒命，是因为他将他所在社群和国家最为神圣、熟悉的观念置于"精灵"（daimonion）① 的批评性思考之下，或置于柏拉图所说的辩证思想的批判性思考之下。通过这样做，他与意识形态的保守主义和伪装成进步主义实际上却受个人和职业利益支配的相对主义作斗争。换句话说，苏格拉底向其他"智者"所提倡的主观主义、形式主义的理性开战。他破坏了希腊的神圣传统，一种"雅典的"生活方式，因而也为另外一种截然不同的个人与社会生活的形式奠定了基础。苏格拉底坚称，作为普遍洞察力的理性，应该可以决定信仰，规范人和人之间的关系，以及人和自然之间的关系。

尽管苏格拉底的学说被视为是一种作为善恶最终判断的主体概念的哲学的起源，但当他言说理性及其裁决时，并不是将理性单纯视为命名或者惯例，而是视为反思事物的真正本性。他对别人的诸多教诲之中可能含有否定主义色彩，但这些教诲中暗示了一种绝对真理的观念，并且是作为一种几乎带有神示意味的客观

---

① 在柏拉图《申辩篇》中，苏格拉底被指控不信奉雅典所信奉的神，却信奉别的"精灵"（daimonion）。——译注

洞见被提出。"精灵"(daimonion)在他那里是一种更为精神层面的"神",但在真实性上,其被附加的确信不疑一点不少于其他神祇。人们认为这个"精灵"的名字被赋予了某种生命力。在柏拉图的哲学中,苏格拉底的直觉或良心的力量,即存在于主体内部的新神,已经将希腊神话中的对手废黜或者转化。它们已经变身为"理念"。毫无疑问,它们不仅仅是他的创造物、产品或者类似于主观唯心主义中主体感觉的内容。相反,它们仍然保留了旧神的某些特权:它们占据着比人类更高尚、更崇高的领域,它们是典范,它们是不朽的。"精灵"反而变成"灵魂"(soul),而"灵魂"是感知"理念"的眼睛。它将自身显现为真理视域,或者作为个人主体感知事物永恒秩序的能力,从而确定在临时秩序中必须遵循的行动方向。

客观理性这个词,一方面表明了其本质是现实固有的结构,而这种现实本身就需要一种在特定情况下采取特定行为模式,无论这是实践的态度还是理论的态度。对那些自己致力于辩证思考的人来说,抑或是,对那些具备"厄洛斯"(eros)① 能力的人来说,这种结构对他来说是可以理解的;在另一方面,客观理性这个词本身就指去反映这样的客观秩序的努力和能力。每个人都熟悉那些由于其本质且完全独立于主体利益、需要"行动路线"的情形——比如,当儿童或者动物在溺毙边缘,或者某个群体在挨饿,或者某个个人在患病时。每个情形,从某种程度上,都在用自己的语言说话。但是,因为它们仅仅是现实的片段,它们可能不得不被忽视,因为存在着更为全面的结构需要同等独立于个人

---

① 厄洛斯原为古希腊神话中的小爱神,也就是罗马神话中的丘比特。在《会饮篇》中,柏拉图以 eros 指代爱欲。——译注

意愿和利益的"行动路线"。

客观理性的哲学体系意味着这样一种坚定信念,即笃信包罗万象的或者根本性的"存在"(being)之结构是可以被发现的,而且可以从中构想出某种人类的终极目标。它们把科学——当科学能配得上这一名称时——理解成对此种反思和思考的实现。如果任何一种认识论把我们的洞见的客观基础简化为未经整理的混乱数据,或者把我们的科学工作简化为对上述数据的一种简单组织、分类和计算,它们都会反对。对于后一类活动,主观理性从中看到科学的主要功能,但在客观理性经典体系的视野中,它们是从属于思考的。客观理性立志于通过条理清晰的哲学思想去取代传统宗教,并且因而也让自己成为传统的源头。客观理性对于神话的攻击或许比主观理性更甚,因为主观理性认为自己是抽象的、形式主义的,倾向于通过确立两个不同的框架——一个用于科学与哲学,一个用于体制化神话——而放弃与宗教的斗争,从而就认可了这两个框架。对于客观理性的哲学而言,这样的解决方式是不存在的。因为客观理性坚持"客观真理"(objective truth)的概念,对于既定宗教,它必须采取一个肯定或者否定的立场。因而,以客观理性名义对社会信念的批评相比于主观理性的批评要远远更具预示性,尽管有时候没有后一种批评那么直接或具有攻击性。

在现代,理性已经显现出自身客观内容逐步消失的趋势。事实上,在16世纪的法国,有人再度提出"由理性这一终极能动性(agency)支配的生活"这一概念。蒙田①把这一概念移用到个人生

①　蒙田,即米歇尔·德·蒙田(Michel de Montaigne,1533—1592),法国文艺复兴时期作家、哲学家,著有《随笔集》(Essais)。——译注

活之中，博丹①将其移用到国家生活之中，洛皮塔尔②将其使用到政治实践之中。尽管就个人而言他们都宣称过对其持某种程度的怀疑，他们的作品还是进一步促成宗教退位，取而代之的是理性成为最高的智识权威。然而，在那个时候，理性获得了某种新的含义，而这种新的含义在法国文学之中得到了最高程度的表现，甚至某种程度上在现代的一些通行用法之中还得到了保留。这种新含义即指它开始指代某种和解姿态。曾经伴随着中世纪教会的没落，人们偏爱以宗教问题上的分歧作为反复讨论各种政治倾向分歧的基础，但这种分歧当时已然不再被认真对待，没有任何一种信条或者意识形态被认为值得誓死捍卫。这种理性的概念无疑比宗教的真理观更加的人性化，但是显然同时也更软弱，更容易受到某种流行的利益的影响，更加能适应现实变化，于是也从一开始就处于向"非理性"投降的危险之中。

此时的学者、政治家和人本主义者看来，宗教教义上的冲突本身是没什么意义的，这些冲突只被看作是不同政治派系的口号或宣传修辞而已，而这些人的观念在当时的"理性"的意涵之中开始有所体现。对人本主义者来说，在同一个政府治理之下且在同一既定疆域内生活的同一民族之内，尽管可能信奉不同宗教，但无法协调一致的问题是不存在的。这样的政府拥有着纯粹的世俗化目标。它并不是像路德③认为的那样，旨在管教和惩罚人类

---

① 博丹，即让·博丹（Jean Bodin，1530—1596），法国政治思想家，法学家，近代资产阶级主权学说创始人。著有《国家六论》。——译注

② 洛皮塔尔，即米歇尔·德·洛皮塔尔（Michel de l'Hôpital，1504—1573），文艺复兴时期法国掌玺大臣，提倡把国家利益置于宗教利益之上。——译注

③ 路德，即马丁·路德（Martin Luther，1483—1546），德意志神学家，于16世纪初期发动了德意志宗教改革，促成基督新教的兴起。——译注

这个野兽，而是去创造一种更利于商业和工业的条件，是去巩固法律和秩序，去保障其公民内部的和平，以及确保其公民在国家之外得到保护。对于个人而言，理性现在在政治中扮演的角色，就如同主权国家在政治中的角色一样，关心人民的福祉，反对狂热主义和内战。

理性从宗教中剥离，这标志着其客观的特性大大弱化，形式化的程度提高，随后在"启蒙时代"中这一特点即有所体现。但是在 17 世纪，理性的客观特性仍然占据优势地位，因为理性主义哲学的主要任务就是构造某种关于人和自然的学说，以其承担宗教在过去所承担的智识功能（最起码像宗教之前那样去为社会的特权部门服务）。从文艺复兴时代开始，人们就已经开始尝试完全依靠自己去构建和神学一样无所不包的学说，而不是完全跟从某个精神权威去接受他们的目标和价值。哲学自豪地宣称自己是反映事物真正本性或者正确生活方式的推论、解释和揭示理性的工具。比如说，斯宾诺莎①认为，能看透现实本质以及永恒宇宙之和谐秩序的洞见也就必定能够唤起对这个宇宙的爱。对斯宾诺莎来说，伦理行为完全由这样对自然的洞见所决定，就像我们对某一个人的挚爱可能就是取决于看到了后者身上的伟大和天才。斯宾诺莎看来，一旦我们对于现实的理解足够深入，与伟大的宇宙之爱（即逻格斯自身）无关的恐惧和琐碎的激情就会消失。

其他过去的理性主义体系也强调，理性在事物的本性之中去

---

① 斯宾诺莎，即巴鲁赫·德·斯宾诺莎（Baruch de Spinoza, 1632—1677），荷兰哲学家，与笛卡尔、莱布尼茨并称现代西方三大理性主义哲学先驱。著有《伦理学》等。——译注

认清自身，正确的人类态度也正是源于这样的洞见之中。这种正确态度不一定对每个个体来说完全一样，因为每个人的处境都是独一无二的。这其中既有地理和历史的差异，也有年龄、性别、技能和社会地位等其他的差别。然而，这种洞见在某种程度上又是普遍的，因为它与态度的逻辑关系对于每个有智慧的、可想象的主体来说，在理论上都是不言自明的。举例而言，在理性的哲学之下，这样的洞见若是看穿了被奴役之人的困境，它会劝导被奴役的年轻人去为自由而斗争，却又允许后者的老父亲待在家里，并在土地上耕种。尽管从后果来说存在着差异，这样的洞见的逻辑性质总体而言对所有人来说都是可以理解的。

尽管这类理性主义的哲学体系并没有像过去的宗教那样，要求一种对它自身的忠诚，它们也因努力记录现实之意义和现实之迫切需要，以及提出人人皆须遵守之真理，而受到欣赏。在这些体系的创造者们看来，"自然之光"（lumen naturale）即天生的洞见或者理性之光，足够去深入洞察造物，从而能给我们提供关键要素去协调人类生活和自然，无论是就外部世界还是人的内在存在而言皆是如此。[①] 他们保留了神的位置，但驱除了恩典。他们认为，人类可以不需要任何"超自然之光"（lumen supranaturale），就可实现任何理论知识抑或实践决定的目标。他们对宇宙的思考式复现，以及非感觉主义的认识论和传统宗教直接对立——是布

---

① "自然之光"（lumen naturale）概念即理性之光从自然宇宙的秩序中认识和发现自然法，这个概念大量出现在中世纪的文本中，笛卡尔在《沉思录》中屡次提到这个概念，它基本可以被理解为人类理性，以和"信仰之光"（lumen fidei）这个概念区分开来，下文的 lumen supranaturale（超自然之光）即是在 lumen naturale 中的 naturale（自然）的一词上加上（"超-"）（supra-，相当于英语中的 super）这一词根。——译注

鲁诺①而非特勒肖②，是斯宾诺莎而非洛克，因为相比于经验主义的理论，形而上学理论家的智识抱负远为更加关心神的教义、造物和生命的意义。

在理性主义的哲学和政治体系中，基督伦理被世俗化了。个人和社会活动中所追求的目标，是来自对某些与生俱来之观念和不言自明之直觉的假定，因而也就和客观真理的概念联系起来，尽管再也不会有人认为，这样的"真理"会被与思考自身的紧迫需求无关的教义所保障。无论是教堂还是正在崛起的哲学体系都没有将智慧、伦理、宗教以及政治分离开来。但是，所有根植于一种共同的基督教本体论的人类信念在本质上正在从统一趋向瓦解，而此前在蒙田这样的资产阶级意识形态先驱那里已经被阐明，随后被理性主义形而上学暂时推至幕后的相对主义倾向，重新在所有的文化活动中确立了自己的胜利姿态。

当然，正如上面所说，当哲学开始取代宗教时，它并没有想要去废除所有的客观真理，而是试图想要给予客观真理一种新的理性根基。有关"绝对者"（the absolute）本质的争执并不是纠缠和折磨形而上学者的主要原因。真正引发争执的话题是，到底是神启还是理性，以及到底是神学还是哲学，在终极真理的决定和表述中能起到"能动性"的作用。就像宗教教诲民众创世之发生

---

① 布鲁诺，即乔尔丹诺·布鲁诺（Giordano Bruno，1548—1600），文艺复兴时期意大利思想家、自然科学家和哲学家。他反对托勒密的地心说，捍卫哥白尼的日心说，被宗教裁判所以火刑烧死在罗马鲜花广场。——译注

② 特勒肖，即贝尔纳迪诺·特勒肖（Bernadino Telesio，1508—1588），文艺复兴时期意大利哲学家，自然哲学家，其著作强调世界的物质性，事物的形式或者类型是在物质运动中产生的，要认识事物的性质必须研究自然界本身，被视为近代唯物主义哲学的先驱。著有《按自然本身的法则论自然》。——译注

的能力、权利和职责，自有教堂为其辩护，那么，理智有能力、权利和职责去发现事物的本质以及从这样的"洞见"中推导出正确的行动模式，则有哲学为其辩护。是否存在可以用来获取这种洞见的现实（reality），天主教和欧洲理性主义哲学的立场其实是一致的。毕竟，对这样的"现实"的假定是两派纷争能够发生的共同基础。

和这样的"预设"不相一致的有两派知识分子，一是"加尔文主义"①者，因其秉有"隐藏上帝"(Deus abscontitus) 的信条，另一是经验主义学者，在他们的观念中（这样的观念一开始是模糊的，其后才慢慢清晰），形而上学关注的仅仅是"伪问题"(pseudo-problems)。但是，天主教会反对哲学，恰恰是因为，这些新的形而上学体系断言了某种可能性，即可能存在某种"洞见"，这种"洞见"自身就能把人的道德抉择和宗教抉择确定下来。

最终，这种在宗教和哲学之间的长久争执以僵局告终，因为这二者被认为是文化的两个独立分支。人们开始逐渐接受这样的观念，即二者中的每一个都在自己的"文化隔间"内部，各安其分，相互容忍。宗教的中立现在已经使其被简化成众多文化价值的某一种而已，这种中立与宗教自身的"总体性"宣称是互相矛盾的，因为它认为自己包含了客观真理，也削弱了客观真理。尽管表面上宗教仍然被人尊重，但它的中立却为下述状况奠定基础，即它不再作为精神的"客观性"的媒介，乃至最终"客观

---

① "加尔文主义"即基督教新教派加尔文派的神学学说，16世纪宗教改革运动时由约翰·加尔文（Jean Calvin，1509—1564）倡导，故名。加尔文派的教义否定罗马教廷的权威，认为人的得救与否全由上帝决定。——译注

性"概念也被废弃，而"客观性"观念本身就是照着宗教神启中"绝对性"观念仿制出来的。

事实上，当宗教和哲学间的冲突取得了看似平静的和解后，二者的内容却已经被这一表面和解深刻影响。启蒙时代的哲学家们以理性的名义猛烈攻击宗教；最终，他们所击杀的并不是教堂，而是形而上学，是理性自身的客观概念，是他们自己的种种努力的力量源泉。理性作为一种感知现实的真实本质的工具，作为决定我们生活的指导性原则的工具，已经被认为过时了。思索和形而上学同义，形而上学和神话及迷信同义。我们可以说，自希腊时代起直至今天的理性/启蒙的历史已经造成了这样一种态势，即人们甚至会觉得"理性"这个词本身即意味着某种神话意义上的实存。理性已经因为把自己作为一种伦理、道德和宗教洞见的能动性（agency）而消解。在两百年前贝克莱主教①——他同时集唯名论正统后裔、新教狂热分子，以及经验论启蒙者三者为一身——就曾发起了针对此类"总体概念"（General Concepts）的攻击（包括这一概念自身也被攻击）。事实上，这一战斗一直以来都是胜利的。贝克莱在部分违背自己理论的情况下保留了一些"总体概念"（虽然这和他自己的理论相悖），比如"心灵"（mind）、精神（spirit）和因果关系（cause）。但是，这些概念被现代经验主义之父休谟②有效地清除了。

宗教似乎受益于这一发展。理性的形式化使得它自己免于来

---

① 贝克莱主教，即乔治·贝克莱（George Berkeley，1685—1753），著名英裔爱尔兰哲学家，与约翰·洛克和大卫·休谟并称为现代经验主义哲学的代表人物。著有《人类知识新论》《视觉新论》等。——译注

② 休谟，即大卫·休谟（David Hume，1711—1776），与约翰·洛克、乔治·贝克莱并称为现代经验主义的代表人物，著有《人性论》《人类理解研究》等。——译注

自形而上学或者哲学理论的猛烈攻击，而这一安全状态使得它成为一种极端实践化的社会工具。然而，与此同时，它的中立状态意味着损耗它的真正精神，损耗它与真理的关联性，这样的精神和关联性曾一度被人们认为在科学、艺术和政治中是相同的，且对全人类而言也都是一样的。思辩理性（speculative reason），它一开始服务于宗教，随后成为宗教的对手，它的死亡可能对宗教自己来说也是灾难性的。

所有这些后果，在资本主义的"宽容"观念发端时即已埋下伏笔，而这种"宽容"观念本身即是矛盾的。一方面，"宽容"意味着免于教条权威统治的自由；在另一方面，它推进了一种面对所有精神内容的中立态度，因而随后又被交付于相对主义（relativism）。每一种文化领域都保留了其针对普遍真理的"主权"。社会劳动分工被迁移到精神生活中，并且此种文化领域的分工就是普遍客观真理被形式化了的、且本质即是相对主义的理性所取代的必然结果。

在 18 世纪，在经历了美国革命和法国革命之后，"民族"（nation）的概念成为一种指导性原则，理性主义形而上学的政治内涵开始凸显出来。在现代历史中，这一"民族"概念已经逐步取代宗教成为一种人类生活照中的终极的、"超-个人"的动机（motive）。"民族"概念的权威性来自理性，而不是来自神启，理性因而被构想为一系列根本性"洞见"的集合，理性是人类天赋的（innate）能力，或者由思辩推动形成，而不是只关注让"洞见"生效的种种手段的"能动性"（agency）。

"自利"（self-interest）的观念被某些自然法理论或享乐主义哲学置于头等重要的地位，但只被认为仅是这些洞见中的一种，它也被认为根植于宇宙的客观结构之中，因而也是整个范畴系统（system of categories）的一部分。在工业化时代，"自利"的观念逐步取得了至高地位，最终压制了其他被认为是对社会运转至关重要的"动机"。在自由主义时期的公众思想中，这一态度主导着那些主要的思想流派。但是这一进程也同样使"自利"的理论和"民族"观念之间的矛盾逐渐尖锐。哲学这时候不得不面临选择，要么接受前一理论的无政府主义后果，要么就是陷入某种非理性民族主义，而后者受"浪漫主义"的污染要远远多于受重商主义时期盛行的"天赋观念"理论（theory of innate ideas）① 的影响。

"自利"抽象原则中的"智识帝国主义"（intellectual imperialism），亦即自由主义官方意识形态的核心，表明了这一意识形态和工业化国家内部的社会状况之间的分裂正在逐步扩大。一旦这种裂痕在公众思想中固定下来，就不会有任何有效的关乎社会凝聚的理性原则能留存下来。民族共同体（Volksgemeinschaft）的观念，一开始是作为一种偶像被构建起来，最终只能通过恐怖来维持。这解释了为何自由主义会有偏向法西斯主义的倾向，以及自由主义在知识和政治上的代表会和自己的对手握手言和。这样的倾向，在晚近的欧洲历史中已经经常性地表现出来，除了经济上的原因外，就是因为"自利"的主观主义原则和它所表达的所谓"理性"观念间存在着内在矛盾。一开始，政治宪法被认为是一种建立在客观理性基础上的具体原则的表达。公正、平等、幸福、民主、财产等观念，都被认为必然是与理性相符，亦必然

---

① "天赋观念"说主要由笛卡尔和莱布尼茨提出的，笛卡尔认为，真理性的知识来源于"天赋观念"。——译注

源于理性。因而，理性的内容被随意简化成仅仅是这一内容的部分范围，抑或是这些原则中的某一个原则的基本框架。"特殊"（the particular）预先抢占了"普遍"（the universal）的位置。[①] 这一智识领域的"绝妙杰作"（tour de force）为政治领域的强力统治打下了基础。

　　理性放弃了"自治"，它就成了一种工具。在主观理性的形式化层面中（实证主义中这一层面得到凸显），理性与客观内容的无相关性被着重强调。在它的工具化层面中（实用主义中这个层面得到凸显），则是强调理性屈服于"它治"内容。理性已经彻底被社会进程控制。它的操作性价值，它在对人和自然的控制中所扮演的角色，已经成为唯一的衡量标准。概念已经被简化为成对一些特定样本共有特征的概括。通过将相似性表明出来，概念免去了——列举特质的麻烦，因而也更好地为组织知识的素材而服务。它们被认为仅仅是它们所涉及的对象的缩写。任何超出对事实数据的辅助性、技术性概括的运用都被当作迷信的最后痕迹而加以去除了。概念已然成为精简化和理性化之后的修辞手段，以及用来省力的修辞手段。似乎思考本身就已经被简化为工业流程，被某个非常紧凑的进度表控制，简而言之，成为生产的一个不可或缺的部分。汤因比[②] 在他的历史写作中已经把这一过程的某些后果描述出来。他把这种倾向描述成："陶工成为陶土的奴隶的倾向……在行动的世界中，我们知道，把动物和人类看

---

　　① 康德认为，理性，是一种从"普遍"中认识"特殊"的能力。——译注

　　② 汤因比：《历史研究》（A Study of History），第 2 版，伦敦，1935 年，第 1 卷，第 7 页（2d ed., London, 1935, Vol I, p.7）。——原注［另：汤因比，即阿诺德·约瑟夫·汤因比（Arnold Joseph Toynbee, 1889—1975），英国著名历史学家，著有 12 册巨著《历史研究》。——译注］

成无生命之物是灾难性的。为什么在理念的世界中，我们没有认为这样的倾向有任何问题？"

越来越多的理念变得理所应当、变得工具化，人们对其所含意义的认知就会越来越少。这些理念就会被视为物品、被视为机器。语言被简化成现代社会中的庞大生产装置中的另一种工具。如果不是等同于那个机器中的一次操作（operation），每个语句对外行人士而言和对当代语义学家都一样是无意义的，这些语义学家们暗示，纯粹符号化和纯粹操作化的语句——纯粹无意义的语句——也能发挥作用。在物品与事件的世界中，意义被功能或者效用取代。如果言辞没有被明显地用于技术性地计算相关概率或者用于其他实用性的意图（即便娱乐放松的意图也包括在内），这些言辞就有可能被怀疑成某种推销词，因为真理自身是没有边界的。

在相对主义的时代，即便是孩童也把理念看作是推销词或者合理化的表现，人们恐惧语言可能仍然会藏有神话残留，这使得言辞被赋予一种新的神话特质。确实，无论是用于生产中的智识因素的储存和沟通，抑或是用于指导大众，理念已经被彻底功能化，语言也被视为一种纯粹的工具。与此同时，语言也通过回到它的"巫术时代"，施加自己的报复。正如在巫术时代每个词语都被视为一种危险的、可能会摧毁社会的力量，而言说者被认为必须对此负责。与此相应的是，因为社会控制，对真理的追求就被限制了。思想和行动之间的区分不存在。因此，每一种思想都被视为一次行动。每次反思都成了一个命题，每个命题又都成为了一个口号。每个人因为他所说的或者他所未说的受到责备。每个物品以及每个人都被分类、被贴标签。拒绝将个人按种类进行划分的人类特质是"形而上学"的，且在经验主义的认识论里没有自己的位置。每个人被强行划归的那个狭小范围制约着他的命运。一旦某种思想或者某个词语成为一种工具，人们就不必去真的去"思考"它，也就不必在将其言语表述出来时经历其所包含的逻辑过程。正如有人已经反复且正确地指出，数学，亦即所有"新实证主义"思想的模型，其好处就存在于这样的"智识经济"（intellectual economy）之中。复杂的逻辑运作在没有"智识行动"真正运行的情况下就被执行，而数学和逻辑的符号就建立在这一真正运行的基础上。诚然，这样的"机械化"对工业扩张来说至关重要，但它如果真的成了思想的特性，如果理性自身就被工具化，它就具有了某种物质性、盲目性，就成了一种迷信、一种巫术般的实体而被接受，而不是在智识层面被体验。

　　理性的形式化的后果是什么？公正、平等、幸福、宽容，所有这些上述的概念，它们本在先前的几个世纪中被认为是为理性所本然固有，抑或为理性所认可，如今却失去了它们的智识根基。它们依然是目标与目的，却不存在被授权的理性的能动性可以对它们做出评估，抑或将这些概念和某种客观现实相联系。虽然这些概念得到某些神圣的历史文件认可，虽然这些概念仍然享有某种特定的威望，并且这些概念在一些最伟大国家的最高法律中也被包括在内，但是，它们缺少任何现代意义上的理性的确认。谁能说，这些理想中的任何一个，都比它的对立面更加接近真理？根据现代普通知识分子的哲学观，只有一个权威，也即被构想为事实分类和概率计算的科学。声称"公正"和"自由"本身就比"不公正"和"压迫"更好，在科学上是无法验证也是无用的。这种说法自身的无意义听起来就好像和"红色比蓝色更美"的说法，抑或说"鸡蛋比牛奶更好"一样。

理性的概念变得愈发贫乏，就越是容易被意识形态操纵，传播最明目张胆的谎言。启蒙的进步消解了客观理性、教条主义和迷信的观念，但是，守旧与蒙昧势力也从中受益最大。反对传统人文主义价值的既得利益会以"常识"的名义向已经被中立化、无能为力的理性求助。这样的基本概念的削弱可以在政治史的进程中看到。在 1787 年美国的立宪会议上，宾夕法尼亚州的约翰·狄金森（John Dickinson）① 这样把经验和理性相对比："经验必须成为我们唯一的向导。理性可能会误导我们。"② 他希望人们警惕太过极端的唯心主义。随后，概念的实质被掏空，以至于以它们的名义同样可以用来倡导压迫。查尔斯·奥康纳（Charles O'Conor）③，美国内战前的一个著名律师（民主党内的某个派别曾提名他为总统），曾经在简单陈述了"强制奴役"的好处后说道："我坚持认为，黑人奴隶制不是不公正的，它是公正的，智慧的，有益的。我坚持认为，奴隶制……是由自然所决定……我们顺从于自然的明确规定，和明智的哲学的告诫，我们必须宣告，这样的体制是公正、无害、合法和恰当的。"④ 尽管奥康纳仍在使用

---

① 约翰·狄金森（John Dickinson）（1732—1802），美国政治家、作家和教育家，《联邦条例》起草和签署人之一，《美利坚合众国宪法》签署人之一，美国开国元勋之一。——译注

② Morrison and Commager, *The Growth of the American Republic*, New York, 1942, vol.1. p.281.——原注

③ 查尔斯·奥康纳（Charles O'Conor, 1804—1884），美国政治家，律师，曾被提名为总统候选人。——译注

④《联邦会议的一次演讲，在音乐学院，纽约》（A Speech at the Union Meeting—at the Academy of Music），重印标题为《黑人奴隶制并非是不公的》（Negro Slavery Not Unjust），见《纽约先驱论坛报》（*New York Herald Tribune*），12 月 19 日，1859 年。——原注

"自然""哲学"和"公正"之类的词，这些概念其实已经完全被"形式化"，并不能真的去对抗他所认定的事实和经验。主观理性可以适应任何事物。它同样适用于传统的人文主义价值的辩护者和反对者。就像在奥康纳的例子中那样，主观理性修饰利益和守旧的意识形态，同样也修饰进步和革命的意识形态。

另一个为奴隶制辩护的代言人，即《南方社会学》(*Sociology for the South*) 的作者菲茨休 (Fizhugh) ①，似乎还记得哲学支持具体的理念和原则，因而他以常识的名义去攻击哲学。他因而阐释了理性的主观概念和理性的客观概念之间的分裂，尽管这一阐释有些扭曲：

> 具有明智判断的人为自己的意见赋予的"理由"往往是错误的，因为他们不是抽象主义者……在论证的时候哲学会认为前者太过肤浅，但是，直觉和常识是正确的，哲学是错误的。哲学始终是错误的，直觉和常识始终是正确的，因为哲学并不注意观察，而且以有限的、不充分的前提来推论。②

因为恐惧唯心主义的原则，以及恐惧诸如此类的思考、此类的知识分子和乌托邦主义者，菲茨休为自己的"常识"而自豪，

---

① Fitzhugh，即乔治·菲茨休 (George Fitzhugh，1806—1881)，种植园主、社会学家、律师，为美国当时南方的奴隶制的拥护者，著有《南方社会学，或自由社会的失败》《食人族》。——译注

② 见乔治·菲茨休：《南方社会学，或自由社会的失败》(*Sociology for the south or Failure of Free Society*)，里士满版 (Rochmond)，1854 年，第 118—119 页。——原注

而这种"常识"不认为奴隶制之中有任何错误。

理性主义的形而上学的基本理想和概念根植于"普世人性"这类概念之中，而这些理想和概念的"形式化"意味着，它们已经与"人性"内涵相割裂。思想的此种"非人化"(dehumanization) 如何影响了我们文明的根基，可以通过"多数原则"(the principle of the majority) 加以阐释，而这种"多数原则"又与"民主原则"密不可分。在普通人眼中，"多数原则"不仅仅可以作为"客观理性"的替代品，更加是相比于"客观理性"的一种进步：既然人说到底是其自身利益的最好的审判者，那么对一个社群来说，多数人的决定就会自然被认为是和所谓"上级理性"的"直觉"一样有价值。但是，以此种粗糙的方式来构想的"直观"和"民主原则"之间的矛盾其实只是虚构。这是因为，当我们说"一个人最为了解的莫过于他自己的利益"时——"他自己"是如何获得这样的"知识"的呢，又有什么能够证明他的这一"知识"是正确的呢？在"一个人最为了解的莫过于……"这样的陈述之中，已经在暗指某种"能动性"，这样的"能动性"不完全是武断的，且附属于某种决定"手段"、也决定"目的"的理性。如果这样的"能动性"只是再次意指"多数"，整个陈述就只是一个"同义反复"。

在现代民主的形成中作出过贡献的伟大哲学传统并没有犯"同义反复"的过错，因为它把政府的原则建立在一系列或多或少思辨性质的假定之上，比如说，它假定在每一个人之中都存在着同样的精神实质抑或道德意识。换句话说，对"多数"的尊重是建立在某种信念之上，而这种信念自身并不是基于多数人的决定而形成。在谈论人类权利的问题时，洛克仍然会认为自然理性与神启相一致。① 他的政府理论既指向对理性的肯定，也指向对神启的肯定。二者都被认为含有这样的教诲，即人类"就其本性而言即是自由的、平等的和独立的"②。

洛克关于知识的理论就是那种虚浮的明晰风格的例子，这样的风格只是通过把细微差异简单模糊处理而达成了对立面的统一。他并没有认真考虑，如何特别清晰地区分感觉经验和理性经验，如何区分原子化经验和结构化经验，他也没有指明，他从中推导出"自然法"的"自然状态"是通过逻辑过程还是通过直观感知推断出来。然而，"本性"(nature) 所致的自由，和"事实"(fact) 上的自由，并不是完全等同的，这一点看起来已然足够明显。洛克的政治学说是基于理性洞见和推理，而不是建立在经验论的研究上。

同样可以说洛克的信徒卢梭也是如此。卢梭宣称，对自由的放弃违背人的本性，因为这样"人的行为将丧失一切的道德，其意志也将丧失一切自由"③。他非常清楚，对自由的放弃并不违背人的经验本性。他自己就曾激烈批评放弃自由的个人、团体和民族。他所说的其实指的是人的精神本质，而不是指某种心理态度。他的"社会契约"的信条其实来自一种有关人的哲学学说。根据这一哲学学说，和人类本性相一致的是"多数原则"而不是权力，因为这种"本性"是在思辨性的思考中被描述出来的。在

---

① 约翰·洛克:《论政府》(*Locke On Civil Government*),《〈政府论〉下篇》(*Second Treatise*), 第 5 章, "人人文库"(Everyman's Library), 第 129 页。——原注

② 同上书, 第 8 章, 第 164 页。——原注

③ 卢梭:《社会契约论》, 第 1 卷, 第 4 页 (译者说明: 此处原文未注明所引《社会契约论》的版本)。——原注

社会哲学的历史上，即便是"常识"这一术语也和"不证自明的真理"（self-evident truth）这一观念密不可分。在潘恩著名的小册子 ① 和《独立宣言》（*Declaration of Independence*）发布的二十年之前，托马斯·瑞德（Thomas Reid）② 就把"常识"原则和"不证自明的真理"等同起来，因而也就在经验主义和理性主义的形而上学之间做出了某种调和。

在失去其理性基础之后，民主原则就变得完全依赖于所谓的"民众的利益"，而这些利益是盲目的抑或过于明显的经济力量的功能。它们不提供任何对抗专制的保障。③ 比如说，在自由市场体系时期，以人权观念为基础建立的机构被很多人接受，因为它能够作为一种控制政府的良好工具而存在。但是如果情况改变，如果强大的经济团体发现建立一种专制制度并且废除多数原则对他们有益，那么，任何理性的反对意见都将无法阻止他们的行动。如果他们真有机会成功，不去运用这种机会将是愚蠢的。唯一可能阻止他们这么做的考虑是他们自己的利益可能被危害，

---

① 此处应指的是托马斯·潘恩 1776 年发表的著名的政论小册子《常识》（*Common Sense*）。——译注

② Thomas Reid，即 18 世纪苏格兰启蒙运动时期哲学家托马斯·里德（1710—1796），"常识学派"的创始人。——译注

③ 在谈论"多数原则"的负面维度时，托克维尔作品的编辑的焦虑是多余的。见托克维尔：《论美国的民主》，纽约，1898 年版，第一卷，第 334—335 页。编辑坚持认为，人民群众的多数制定法律的说法仅仅是一种修辞手段，并提醒我们，事实上制定法律的是他们委任的代表。编辑其实还可以再补充，如果说托克维尔论及了"多数人的暴政"，杰弗逊还在一封信——这封信也曾被托克维尔引用——中说到了"立法机构的暴政"，见杰弗逊：《托马斯·杰弗逊作品》，华盛顿限定版，1905 年，第 7 卷，第 312 页。杰弗逊如此怀疑民主制下的任何一个政府机构，"无论是立法机构还是行政机构"，以至于他反对去维持常备军的存在。同见《托马斯·杰弗逊作品》，第 323 页。——原注

他们并不关心真理和理性被侵犯。一旦民主的哲学根基崩溃，那么，"专制是不好的"这一论述仅仅是对那些无法从中获益的人来说在理性层面是有效的，而将这一说法转换成和它相反的说法也不存在理论障碍。

美国宪法的制定者认为，每一个社会的根本性法律，就是"多数人的法律"(Lex majoris partis) ①，但是，他们远不至于用多数人的裁决去替换理性的裁决。他们把一种巧妙的制衡系统纳入政府结构之中，正如诺阿·韦伯斯特 (Noah Webster) ② 所说，"国会拥有至高的权力，但是人们认为其权力并不过大"③。韦伯斯特把"多数原则"称作是一种"作为'直观真理'而被普遍接受的信条"④。他认为这一原则是诸多相似的受人敬重的"自然观念"中的一种。对这些人来说，并不存在从某种形而上的、或者宗教的源头中获取其自身权威性的"原则"。迪金森认为，政府，以及对政府的信任，是"建立在人的本性的基础上，也就是，建立在其组建者的意愿的基础上……因而也就是神圣的。冒犯这样的信任就是冒犯神"⑤。

当然，"多数原则"并不被认为必然能够保障公正。正如约翰·亚当斯所说，"'多数人'永远且没有例外地侵犯'少数人'

---

① 《托马斯·杰费逊作品》，第 324 页。——原注

② 诺阿·韦伯斯特（Noah Webster，1758—1843），美国词典编纂者，拼写改革倡导者，教育家，政论家，代表作品为著名的《韦氏词典》。——译注

③ 《针对联邦宪法的指导性原则的一项考察》(*An Examination into the Leading Principles of the Federal Constitution*)，见保罗·福特（Paul L. Ford）编《美国宪法手册》(*Pamphlets on the Constitution of the United States*)，纽约，布鲁克林，1888 年版，第 45 页。——原注

④ 同上书，第 30 页。——原注

⑤ 同上书，"费比乌斯的信"(Letters of Fabius)，第 181 页。——原注

的权利"①，这些权利以及其他根本原则被认为是直觉上的真理。它们直接或间接地继承自当时仍然存在的哲学传统。在西方思想史上，这些权利可以一直被追溯到其宗教的、神话的根源，也正是因为这些根源，它们保存了迪金森所谓的"庄严"(awfulness)。

对这样的遗产来说，主观理性没有用途。主观理性将真理揭示为习惯，并因此剥夺了其精神权威。今天，被去除了理性根基的"多数原则"观念已经显示出其"非理性"的一面。当其连向历史根源的生命线被割断时，每一种哲学的、伦理的和政治的观念都有成为一种新神话核心的倾向。这就是为什么启蒙的进程，在某个特定节点，反而倒转倾向于迷信和偏执。"多数原则"以一种万物的普遍裁决者的形式，通过各种形式的投票和现代通信技术得到实施，它已然成为一种思想必须迎合的至高无上的力量。它是一种新的神，这里并不是指它成了那些伟大革命的先驱所构想的那样——作为一种反对现行不公正的对抗力，而是成了一种压制任何不服从之物的对抗力。群众的判断越是为所有的类型的利益所操纵，"多数人"越是成为文化生活的仲裁者。可以认为，它将文化各个领域的替代品合法化，以至于欺骗大众的流行艺术和流行文学都是如此。科学宣传越是在更大程度上使得公众意见成为一种不明力量的纯粹工具，公众意见越是成为理性的一种替代品。民主进程的这一幻想性的胜利耗尽了民主所赖以存在的智识实质。

不仅仅是道德和政治中的指导性概念（如自由、平等或者公正），甚而至于，当人类的抱负和潜能脱离"客观真理"的观念

---

① 查尔斯·彼尔德（Charles Beard）：《杰弗逊式民主的经济学根源》(*Economic Origin of Jeffersonian Democracy*)，纽约，1915 年版，第 305 页。——原注

时，所有生活领域的特定意图和目的皆受影响。按现在的标准，好的艺术家服务于真理的程度并不比监狱看守、银行从业人员抑或女佣更高。如果我们辩称，艺术家的使命是高贵的，我们将被告知，这样的论点没有意义：因为如果两个女佣的效率的高下可以通过清洁度、忠诚度、技能，以及其他程度的高下来比较，但并不存在一种标准可以用来比较一个女佣和一个艺术家。然而，通过仔细分析我们会知道，现代社会有一个艺术的内在标准，就像对非熟练劳动也存在类似标准一样，这个标准就是"时间"。时间的功能之一即是特定意义上的效率优良。

认为某种特定的生活方式、某种宗教或者哲学就比另一种更好、更高抑或更真实，同样可能也是无意义的。既然"目的"已经不再是通过理性的标准来确定，我们也无法说某种经济／政治体系，无论它如何残酷或者暴虐，比另一体系更不合理。从"形式化理性"来看，暴虐、残酷或者压迫本身并无坏处。如果支持者可以从中得利，没有任何一种理性的"能动作用"会赞成反对专制的意见。诸如"人类尊严"之类的表述，要么意味着一种辩证的进步，使神圣权利的观念得以保存或是被超越，或者成为陈词滥调，一旦有人去探究其特定意义，即显得空洞无物。此类表述的生命力可以说取决于无意识的记忆。如果一群文明开化的人将要去抗争所能想象到的最大邪恶，"主观理性"会使揭示这种邪恶的本质以及揭示人性的本质几乎没有可能，而正是这种本质被指出才使得抗争是迫切的。许多人或许会立刻问道，真正的动机是什么。或许这里不得不坚称，理由是现实的，就是说，是符合个人利益的，即便对大多数人来说理解后者比理解形势本身的无声吁求更难。

　　但是，一般人似乎仍然依恋旧时的理想，这一事实可能与前述分析相冲突。以一般的方式来表达这一反驳，可以说存在一种力量，它超越了"形式化理性"的毁灭性影响，这种力量就是对于普遍接受的价值观和行为规范的顺从。毕竟，有很多的观念是我们从小就被教导去珍藏和尊重的，这些观念以及与其相联系的观点不仅由理性来证明，更是因为最大程度的普遍被接受而得以合法化，理性转化为纯粹工具这一变化看起来并不会影响到它们。它们的力量来自我们对于我们所栖身的共同体的敬畏，来自那些为这些观念贡献毕生的人，来自我们对于自身时代的新的文明国家的建立者的尊重。这一反对实际上体现了，因过去和现实的声望而证明所谓"客观内容"是有弱点的。如果说"传统"在现代的科学史和政治史中常被谴责，而在今天却被用来衡量伦理和宗教真理，那么这一真理已然受到影响，它必然缺乏真实性，其程度之严重不亚于为其提供证明的原则。在"传统"可作为"证据"的几个世纪之中，对于传统的坚信不疑来自对于某种客观真理的坚信不疑。然而，到了今天，援引传统似乎只保留了一种来自过往时代的功能：它表明，在它寻求重申的"准则"背后的"共识"在经济层面和政治层面是强大的。凡是触犯这一"共识"的人就会被预先警告。

　　在18世纪，坚信人类被赋予某些权利，并不是重复社群所持有的信念，甚至不是重复某种前人所代代相传的信念。这一坚信只是反映了那些宣称拥有这些权利的人自身的处境。它表达了对于亟待改变的情势的一种批判，而这种期盼被理解，并被转换成哲学思想和历史行动。现代思想的寻路人并不从法律之内去寻找德性，他们甚至会破坏法律，但是他们尝试使法律和德性协调一致。他们在历史中所承担的角色并不是使自身的言辞和行动适应古老文本的条文，或适应那些被普遍接受的学说：他们自己就创造某些文本，并且让别人去接受他们的学说。今天，那些仍然相信这些学说却缺乏某种适当哲学支持的人，只是将它们当成某种主观欲望的表达，或是将其当成某种既成的模式，并因为信众的数量和存在时间的长度而认同这一模式的权威。今天，传统仍然需要被援引，这一事实恰好表明，传统对于群众的控制已然逝去。毫无疑问，整个民族——不仅仅德意志民族是这样——似乎在某个清晨醒来，发现他们最为珍视的理想只是泡沫。

事实是，尽管主观理性的进程已经破坏了神话、宗教和理性主义的观念的理论根基，迄今为止，文明社会恰恰是以这些观念的残存物为根基而建立。但是，这些观念已经越发地呈现出仅是残余物的趋势，并且逐步丧失了说服力。在伟大的宗教和哲学观念还在活跃的时候，思想者并不曾因为当时维护这些准则是务实的、背离这些准则是古怪而危险的，也并不因为这些信条比其他信条更加符合他们所谓的自由偏好，而去推崇谦卑、友爱、公正和人道。他们坚持这些观念，是因为他们在这些准则中看到了真理的因素，因为他们把这些准则和逻格斯（logos）的观念联系在了一起，无论是以神的形式还是某种超验精神的形式、甚至是以一种永恒准则的本质的形式。不仅仅是那些至高的目标被视为是拥有某个客观的意义，拥有某种内在的重要性，即便是最卑下的追求和幻想也依赖于某种对其目标的普遍期许和内在价值的坚信。

即便正在被"主观理性"摧毁，神话的和客观的根基并不仅仅和伟大的、普遍性的概念相关，也同样是那些显然个人性的，以及完全属于心理层面的行为和活动的根源。它们全都正在逐渐消失，甚至连情感也是，因为它们的客观内容正在被掏空，它们和所谓客观真理之间的关系正在被掏空。就像儿童的游戏和成人的幻想来自神话，每一种欢欣曾经和对于终极真理的坚信不疑相联系。

索尔斯坦·凡勃伦 ① 揭示了 19 世纪建筑中扭曲的中世纪动机。② 他发现对于浮华和装饰的渴望其实是一种封建态度的残余。然而，对这种所谓"炫耀性奢侈"的分析不仅揭示了现代社会生活中存留的某些野蛮压迫的方面，也揭示了久已遗忘的崇拜、恐惧和迷信的持续运作。它们表现在最为"自然"的偏好和憎恶之中，且在文明社会中被视为理所当然。因为显而易见地缺少"理性"动机，它们以"主观理性"的方式被合理化。诸如任何现代文化中"高"优于"低"，诸如洁净吸引人而肮脏令人憎恶，诸如某些气味带来愉悦体验而其他气味则令人作呕，诸如一些食物受人珍爱而另一些则让人嫌弃，种种事实恰是源自一些古老的禁忌、神话和虔诚，以及因为它们自身在历史中的命运，而不是启蒙个体或是自由主义神学所尝试解释的那样，是出于卫生或者实用的目的。

这些蕴蓄在现代文明表面之下的古老生活形式，在很多情况下，它们仍然提供了任何一种愉悦之中、任何对"某物自身"而不是其他事物的爱之中所固有的温暖。维护花园的乐趣可以追溯

---

① 索尔斯坦·凡勃伦（Thorstein Veblen，1857—1929），美国制度经济学家，著有《有闲阶级论》等。——译注

② 转引自阿多诺《凡勃伦对于文化的攻击》（Veblen's Attack on Culture），《哲学与社会科学研究》（*Studies in Philosophy and Social Science*），纽约，1941 年版，第 9 卷。——原注

到古代，当时花园属于众神所有，且为众神而培植。对自然美的感觉和对艺术美的感觉，通过千重幽微的线索，和这些古老的迷信相连。[①] 如果说，现代人嘲笑抑或炫耀这些联系，砍断了它们，那么乐趣可能还会持续一段时间，但是其内在的生命就消亡了。

我们不能把自己因为一朵花或因为一个房间中的氛围而带来的乐趣归功于某种独立的美学本能。人类美学反应和古代的各种形式的偶像崇拜相关。他对于某个事物的德性或圣性的笃信要早于这个事物的美所带给他的愉悦。这一判断也同样适用于诸如自由或者人道这样的概念。人们关于人类尊严的理解同样也适用于公正、和平等这类概念。作为对于古代不公、不平等阶段的一种否定，这些观念必然保存了否定性的因素，但与此同时也保存了深藏于这些观念可怕根源中的原始绝对含义。若非如此，它们不但将会无关紧要，更加会不再准确。

所有这些被珍视的观念，以及所有这些除了人体力量和物质利益之外的力量，它们使得社会整合在一起，这些观念和力量仍然存在，但已经被形式化理性削弱。正如我们所见，这一过程与这样一种坚定信念有关：无论我们的"目的"（aims）是什么，它都取决于那些本身并无意义的好恶。让我们假定，这一信念真的渗透到了我们的日常生活的细节之中——实际上这一渗透已经比我们大多数人所认为的都要深入。完成任何一件事都越来越少地

---

① 即便是"整齐"这样的一个极为突出的现代喜好，似乎也根植于魔法信仰。弗雷泽爵士（James Frazer, *The Golden Bough*, p.175）曾经援引了一个关于新不列颠岛本地人的一个报告，里面总结说："在房屋之中保持日常的洁净，以及它的外在体现——每天都认真打扫地面，绝不是基于一种对于洁净和整齐自身的渴望，而只是纯粹地努力想要去除任何可能给下诅咒之人用来作为咒语的东西。"——原注

出于此事"自身"的原因。如果一个人来一次远足漫步，走出城外而去一条河的河岸边，抑或登上某座山的山顶，以功利的标准来衡量，这一行为即是非理性的和愚蠢的。他正在致力于一个荒谬的、毁灭性的业余消遣上。以"形式化理性"的观点来看，一个活动，只有当它服务于某个"目的"，比如健康，抑或放松（放松可以帮助重新补充工作所需的体能）时，这样的活动才是合乎理性的。换句话说，这个活动纯粹是一个工具，因为它只有将自己跟其他的目的相连才能获取自身的意义。

如果一个人预先确信，他在某个风景中所看到的形式和颜色纯粹只是形式和颜色，它们在其中承担角色的结构纯粹是主观的，并且和任何有意义的秩序或总体都没有关系，它们只是必然表达了空无，我们不能断言，这个人从风景中得到的愉悦会持续很长时间。如果这样的愉悦成为习惯，他可能余生之中将会继续享受它们，抑或他将可能永远不会充分意识到，他所喜欢的这些事物毫无意义。我们的趣味在很早的童年就已经形成，我们所接受的教育反而影响我们较少。孩童可能会模仿对远足上瘾的父亲，但是，如果理性的形式化充分发展，这些孩童会认为，跟着收音机的外放声音做一套广播体操就已经尽了身体应尽的义务。远足看风景不再是必要的。因而，远足者所体验到的"风景"概念变得无意义和随意。风景整体败坏为一种景观设计。

法国象征主义者曾用一个特殊词去表达他们对于已然丧失"客观意义"的事物的爱，此即"忧郁"（spleen）[1]。在选择对象物时的有意识的、挑衅式的任意，以及它的"愚蠢"和"任性"，

---

[1] 此处应指的是法国诗人波德莱尔的散文集《巴黎的忧郁》（*Spleen de Paris*）。——译注

都似乎要通过一个沉默的姿态揭示出功利逻辑的非理性，它猛烈挞伐这种功利逻辑是为了展示这一逻辑无法恰当呈现人类经验。这一姿态通过"震惊"，使自己意识到它遗忘了主体这一事实，同时也表达了主体没有能力实现一种客观秩序的悲伤。

20世纪社会并不会为这样的不协调状况所困扰。对它来说，事物的意义只有通过一种方式来达成——为某种目的服务。在大众文化之下，喜好与憎恶已经没有意义，要么被归入娱乐、休闲活动、社交等事物之下，或者只能被弃之不顾逐渐消逝。"忧郁"这一作为个人不服从的抵抗已然被严密控制：浪荡子的痴迷（obsession）被转化为市侩的"爱好"（hobby）。所谓的"爱好""美好时光"或"玩乐"的观念，对于客观理性的逝去以及现实中任何内在"意义"的被剥夺，全无遗憾。沉浸于"爱好"的人，甚至从不会去假装它和终极真理有任何关系。如果你被问卷调查，自己有何业余爱好，你会像填写自己的体重数字一样毫不思索地在表格里填入高尔夫、书籍、摄影。人们承认了理性化的"爱好"，认为这对于人们保持好心情来说是有必要的，它已然逐渐成为一种制度。甚至，一种刻板化的好心情无非是"效率"的一种心理前提，但是一旦我们丧失了曾经关联"神性"观念的最后一抹记忆，它就会和其他所有的情绪一样逐渐消逝。那些"保持微笑"的人会开始看起来很难过，甚至会开始绝望。

前文所说的关于小小的喜悦的内容，对于追求"德性"和"优美"的更高愿望来说，也一样适用。对于事实的快速掌握取代了对于经验现象的智识深思。如果一个孩子他知道圣诞老人是百货公司雇员，并且了解销售额和圣诞节之间的关系，他可能就会将宗教和商业之间的整体互动视为是理所当然的。爱默生在他的时代就已经苦涩地指出了这一点："宗教机构……如同财产的卫士一般已经获取了一种市场价值。如果牧师和教堂中的成员不能够维持它们，那么商会、银行主席、乡村的旅店老板和地主就会愤怒地集结起来支持它们。"[①] 今天，这样一种相互联结以及这样一种真理和宗教的异质性，已然被当作理所当然。孩子很早就学会了成为一个好的竞争者；他可能会继续扮演一个天真孩童的角色，但与此同时在他自己和其他男孩在一起的时候却很自然地展现出更为精明的洞察力。这样一种多元主义，来自一种关联所有理想原则——无论是民主的或者是宗教的原则——的现代教育，也就是说来自一种事实，即它们与某些特定场合严格地结合在一起，尽管它们的意义可能是普遍性的，却造成了现代生活的分裂特征。

一件艺术品曾经渴望告诉这个世界"它是什么"，并阐释某种最为终极的意见。今天，艺术品完全被中性化了。比如说，贝多芬的《英雄》交响曲，今天的寻常的音乐会参与者无法体验它的客观意义（objective meaning）。当他听这个交响曲时，仿佛这个交响曲被写出来就是为了证明某个节目解说员的评论。一切都已经被明确地表述出来了——道德假定和社会现实之间的张力，事实上，与法国的情形截然不同的是，德国的精神生活无法在政治上表达自己，只能在艺术和音乐中找到出口。作品已经被约束，成为博物馆中的一个部件，演出则成为空闲时间的消遣，一个事件，一种明星表现自己的机会，或成为一个必须要参加的社交集会，如果你属于某一个群体就必须参加。但毫无疑问的是，

---

① 爱默生：《爱默生全集》(*The Complete Works of Ralph Waldo Emerson*)，百年纪念版，波士顿与纽约，1903，第 1 卷，第 321 页。——原注

没有留下任何这个作品的活生生的联系，没有留下任何对其表达功能的直接的、自发的理解，也没有对它曾被称作是真理之形象的整体认知。这种物化（reification）就是典型的理性的主观化和形式化。它把艺术作品转化为文化商品，并且把对这种商品的消费转化成一系列与我们真实意图和渴望脱节的杂乱情绪。艺术已经被与真理切割开来，也与政治、宗教切割开来。

物化是一个可以追溯到组织化社会的开端，以及使用工具之开端的过程。然而，把所有人类活动的产物转化成商品，只有等到工业化社会的诞生才真正实现。曾经由客观理性、权威宗教、形而上学实施的功能，已经为无名经济体制的物化机制所取代。市场支付价格决定了货物的可销性，进而决定了某种特定劳动的生产率。某个活动除非具有实用性，或者（例如在战争时期）有助于维持和保护产业繁荣的总体条件，否则就会被视为无意义抑或过剩之物，抑或被视为奢侈。生产性工作，无论是体力的还是脑力的，已经变得受人尊重，实际上是唯一能够被接受的耗费生命的方式，而任何职业或任何追求目标，只要能够带来收益，就被称为是"生产性的"。

中产阶级社会的伟大的理论家，比如马基雅维利①、霍布斯②等人，把封建地主和中世纪教士称为寄生虫，因为他们的生活方式完全依赖于生产但并没有直接为生产作出贡献。教士和贵族本应把他们的生命各自贡献给上帝、贡献给骑士道抑或爱情。他们仅仅通过自己的存在或者活动，创造出大众钦羡和珍视的象征。

---

① 马基雅维利，即尼可罗·马基雅维利（Niccolò Machiavelli, 1469—1527），意大利政治思想家，代表作有《君主论》。——译注

② 霍布斯，即托马斯·霍布斯（Thomas Hobbes, 1588—1679），英国政治家，哲学家，代表作有《利维坦》。——译注

马基雅维利及其追随者已经意识到了时代的改变，并且指出旧统治者们所致力的那些事物的价值是多么的虚幻。马基雅维利的理论一直延续到凡勃伦的理论。今天，奢侈当然未被排除，至少奢侈品的生产商并没有这么做。然而，奢侈品的合法性并不来自它们的存在本身，而是来自它为商业和工业贡献的机会。奢侈品要么被大众视为必需品，要么被视为一种放松的手段。没有一样事物——甚至包括所谓取代灵魂拯救成为人类最高目标的物质福祉在内——本身就存在价值抑或因为它本身而有价值。没有一个目标本身就比另一个目标更好。

现代思想尝试去从这一思路出发去制造出一种哲学，实用主义即是代表。[1] 这一哲学的核心观点就是，一个理念、一个概念或者一种理论其实就是一种行动的方案或者计划，除此以外别无他物，因此，真理也不过意味着这种理念的成功。在分析威廉·詹姆士 [2] 的《实用主义》一书时，约翰·杜威 [3] 通过引用詹姆

---

[1] 已经有很多学派的思想认真地检视了实用主义，比如，雨果·闵斯特伯格（Hugo münsterberg）在《价值的哲学》（Philosophie der Werte，Leipzig，1921）中从唯意志论的角度出发的思考；马克斯·舍勒（Max Scheler）从客观现象学角度的思考，"知识与工作"（"Erkenntis und Arbeit"），见《知识与社会的形式》（"Die Wissensformen und die Gesellschaft"）；另有霍克海默从辩证哲学的角度的评论，"对形而上学的最新攻击"（"Der Neueste Angriff auf die Metaphysik"），《社会研究期刊》（Zeitschrift für Sozialforschung），1937 年第 6 卷，第 4—53 页，以及在《传统理论与批判理论》（Traditionelle und Kritische Theorie）中，同上，第 245—194 页。这些评价只讨论在理性的主观化过程中实用主义所扮演的角色。——原注

[2] 威廉·詹姆士，亦译为威廉·詹姆斯（William James, 1842—1910），美国心理学之父，哲学家，也是实用主义的先驱之一。著有《心理学原理》《实用主义》等。——译注

[3] 约翰·杜威，即 John Dewey(1859—1952)，美国著名哲学家、教育家，实用主义的集大成者，与威廉·詹姆士以及下文的皮尔士（Charles Sanders Peirce, 1839—1914）都是美国实用主义的代表人物。——译注

士来这样评论真理的概念和意义的概念："真正的理念不仅引导我们走向有用的言语和概念领域，并且直接把我们带向有用的感知终点。它们把我们带向连贯性、稳定性和流畅的交流。"正如杜威所解释的，理念其实是"对现存的事物的草图，以及以某种方式安排这些事物和行动的意图。因此，如果这个草图得到兑现，如果存在物跟随行动发生变化，以一种理念所意图的方式重新安排自身、重新调整自身，那么这个理念就是真实的"①。若非学说创立者皮尔士曾告诉我们他是"从康德那里学来的哲学"②，人们很难不认为，这样的学说会跟任何一种哲学传统有谱系关联，这种学说并不认为，我们的期待被实现以及我们的行动得以成功，是因为这个期待和行动背后的理念真实可靠，而是认为，因为我们的期待被实现、我们的行动得以成功，所以理念真实可靠。毕竟，让康德为这样后来的"发展"负责对他来说是不公平的。康德的科学洞见是建立在超验的，而非经验的运作的基础之上的。他并没有通过把真理混同于证实的实际行动而扼杀真理，也未曾教导我们意义和效用是一回事。从终极意义上来说，康德试图去做的是要确立某些"理念自身"的绝对有效性，因其自身而致的绝对有效性。实用主义对于视野的狭窄化把任何一种观念的意义简化为一种计划或者草图的意义。

　　对于当下的用"概率的逻辑"替代"真理的逻辑"这样一种已然普遍化的潮流，实用主义一开始就暗中将其合法化。如果

---

① 约翰·杜威（John Dewey）：《论实验逻辑》（*Essays in Experimental Logic*），芝加哥版，1916 年，第 310 页与第 317 页。——原注

② 查尔斯·皮尔士（Charles Sanders Peirce）：《皮尔士文集》（*Collected Papers of Charles Sanders Peirce*），剑桥（马萨诸塞）版，1934 年，第 5 卷，第 274 页。——原注

说，一个概念或理念，只是因为其最终结果而有重要意义，那么任何一种陈述都是在表达一种或高或低的对于概率的期待。在那些关乎过去的陈述中，预期的事件是证实的过程，是从真人目击或者任何文件中获取证据。通过所预测的事实确证某种判断，和通过可能需要的研究步骤而确证某种判断，这二者间的区分在"验证"（verification）的概念中被消弭了。"过去"的维度消失在"将来"的维度之中。"过去"的维度被逻辑驱赶了出去。"知识，"杜威说①，"从来都只是一种'运用'（use），它由已然被经验过的种种自然事件所改成，在这种'运用'中，既定之事物被当成是针对发生在不同条件下的未来之体验的某种指示。"②

对这样一种哲学来说，"预测"（prediction）不仅是计算的本质，也同样是所有思维的本质。真正表达一种预测的判断（比如"明天会下雨"），和那种只有在其被表述后进行验证的判断（对任何一个判断来说自然都是如此），二者未能被这种哲学充分区分。命题的现在意义和未来证实并不是同一件事。判断"一个人生病了"，或是判断"人类处于痛苦之中"，这不是一种"预测"，即便在其表述后可以针对它进行验证。即便它能够带来一种恢复，它也不是实用主义的。

实用主义反映了一个没有时间去回忆和沉思的社会：

　　　　世界已经厌倦了过去，

---

① 约翰·杜威（John Dewey）：《哲学的复苏》（A Recovery of Philosophy），见《创造性的智识：实用主义态度文集》（Creative Intelligence：Essays in the Pragmatic Attitude），纽约，1917年版，第47页。——原注

② 我应该至少可以说，是在相同或者相似条件下。——原注

哦，它可能最终死亡或安息！

就像科学一样，哲学本身"不再是对存在的冥思式考察，也不再是对过去和已完成事物的分析，而是对未来可能性的展望，旨在实现更好的结果并避免最坏的结果"。[①] 概率，或者说，"可计算性"取代了真理，社会中的历史进程倾向于使真理成为一种空洞的表达，实用主义好像给了它某种认可，而在哲学中，实用主义又使它成为空洞的话语。

杜威从詹姆士的理论出发对此作出解释：

> 在探讨某个客体的意义时，我们需要考虑的是它所包含的观念抑或定义之中的含义。"为了使我们关于某个客体的思想呈现完美的清晰，我们只需要去考虑这个客体可能会牵涉什么样的实用效果，我们期待从中得到什么感觉，我们必须以什么样的反应做好应对。"或者，更简单地说，正如【威尔海姆】奥斯特瓦尔德所说，"所有的现实影响我们的实践，而这样的影响就是它们对于我们而言的意义"。

杜威认为，人们没有理由质疑这个理论的意义，"或者……指责它是一种主观主义抑或唯心主义，因为人们已经假定了这个客体产生效用的能力"。[②] 但是，这个学说的主观主义就在于"我们的"实践、行动和兴趣在这一学说的知识论里所扮演的角色，

---

① 约翰·杜威：《创造性的智识：实用主义态度文集》，第53页。——原注

② 同上书，第308—309页。——原注

而不是在于它接受了现象论的学说。① 如果说，真正的对于客体的判断，以及客体的概念本身，只是依赖于主体行动的"效果"，那就很难去理解还能赋予这个客体概念以什么意义。根据实用主义观点，真理并不是因为其自身而被需要，而是因为它能够最好地起作用，因为它可以把我们领向某种外来事物，或者至少某种不同于真理自身的事物。

詹姆士抱怨，实用主义的批评者"简单认为实用主义者不可能承认真正的理论兴趣"②，对于这一理论兴趣的心理存在他其实并未说错，但是，如果人们跟随詹姆士自己的建议——"去领会内在精神而非字面意思"，实用主义看起来和"技治主义"(technocracy) 一样，曾被视为人类最高追求的"静观冥思"③ (stationary contemplation) 理念如今普遍不受尊重，它要负一部分责任。任何真理的理念，即使只是思想的某种辩证整体，只要它出现在一个活跃的头脑之中，只要它是为了其自身的原因而被追求，而不只是作为一种通向"一致性、稳定性和流畅沟通"的手段，它就可能会被称作"静观冥思"。无论是针对冥思的攻击，还是对匠人的赞扬，都凸显了手段压倒目的的胜利。

在柏拉图之后很久，"理念"(Ideas) 的概念代表着与超然、独立相关的范围，在某种意义上甚至意味着自由，意味着不屈从

---

① 实证主义和实用主义把哲学和唯科学主义混为一谈。正是因为这一点，实用主义在当前的语境下被视为是一种实证主义方法的真正表达。这两种哲学的区别仅仅体现在，早期的实证主义以一种现象论（phenomenalism）学说自居，也即一种感官主义的唯心论。——原注

② 威廉·詹姆士（William James）：《真理的意义》(The Meaning of Truth)，纽约版，1910 年，第 208 页。——原注

③ 同上书，第 180 页。——原注

于我们"自己"利益的客观性。哲学以一种"绝对"的名义或其他思想形式的途径，保留"客观真理"这一理念，实现了主观性的相对化。它坚持区分"感性世界"(mundus sensibilis)、"理性世界"(mundus intelligibilis) 之间的原则性差异，区分由人的脑力和体力统治工具、由人的利益和行动或由任何技术过程构建的现实图像，相对于无差别彰显万物与自然的"秩序"或"等级"概念、静态或动态结构概念的差异。在实用主义哲学中，尽管它可能把自己表现出多元性，但是每个事物都成了纯粹的题材，并且因此最终完全趋同，成为"手段–效果"锁链中的一个个元素。"尝试用这样的问题去拷问每一个概念，此即'对任何人来说，它对真理产生了什么'明显影响'，你就能最好地理解它的意义并去探讨它的重要性。"[①] 除了涉及"任何人"这个术语的种种问题之外，它所跟随的规则其实是，人们的行为决定了概念的意义。正如詹姆士所坚称，"上帝""起因""数字""物质""灵魂"这些术语的重要意义并不是体现其他地方，而是体现在一个特定概念的趋势是会使我们行动还是思考。如果这个世界达到这样一种程度，不再关注形而上实体，也不关注在封闭的边境背后或者在黑暗之中进行的谋杀，人们就必然得出这样的结论，即"谋杀"概念没有任何意义，因为它没有代表任何"特定观念"或真理，因为它对任何人都不产生"明显影响"。任何人，他如果理所当然地认为，他对这些概念做出的"反应"(reaction)就是这些概念唯一的意义，那么他应该如何理智地对此概念做出"反应"？

---

① 詹姆士：《哲学的一些问题》(*Some Problems of Philosophy*)，纽约，1924 年版，第 59 页。——原注

实用主义者所谓的"反应"其实是从自然科学的领域转化到哲学领域之中的。他所自豪的是,"思考任何事物都像在实验室里思考一样,也即,将其作为一种实验的问题来思考"①。皮尔士,作为这个哲学流派的命名者,宣布一个实用主义者的程序是:

> 除了实验的方法别无其他,所有成功的科学(没人会在这种科学的数量之中把形而上学也包含进去)都是借此抵达一种今日对它们来说特有的确定性程度。这种实验的方法就其自身来说并无他物,只是一种老式逻辑法则的特定运用——"凭它们的果实,就可以认出它们来"。②③

皮尔士宣布,"一个概念,就是说一个词或者其他表达的理性寓意,只存在于各种它对'生活行为'的可想象到的影响之中",以及"无论是就肯定某概念还是就否定某概念相关的实验现象而言,如果有人可以把其中所有可想象的实验现象都定义准确,任何可能不来自实验的事物都不会对行为产生直接影响",这一解释更显复杂了。④ 他所建议的方法将会提供"对概念的一个完整的定义,'除此以外别无他物'"⑤。人们一般都确信无疑,只有实验中的各种可能结果会对人类行为有直接影响,他却尝试厘清这其

---

① 同上书(指《哲学的一些问题》——译者),第308—309页。——原注
② 凭他们的果实,就可以认出它们来(By their fruits ye shall know them)这句引文出自《圣经·马太福音》第七章。——译注
③ 皮尔士,见前引[指《皮尔士文集》(*Collected Papers of Charles Sanders Peirce*)。——译者],第272页。——原注
④ 同上书,第317页。——原注
⑤ 同上书,第273页。——原注

中的自相矛盾之处，指出这个观点是有条件的，即在任何特定情形下它都依赖于对所有'可想象到的实验现象'的准确定义。但是，'可想象到的'现象到底可能是什么，这个问题必须再次通过实验来回答，既然如此，这些关于方法论的笼统论述似乎把我们带入严重的逻辑困境中。如果说，任何概念从本质上都依赖于实验，那么，如何使实验纳入"可想象到的"这个标准的考量？

　　在其客观阶段，哲学试图成为将人类行为（包括科学事业）引向最终理解自身理性和公正的能动作用，实用主义却要把形成的理解转换到纯粹的行为。实用主义的雄心是，让自己只成为一种实践活动，而非其他，让自己和理论的洞见区分开来，而根据实用主义的教诲，理论洞见要么只是物理事件的命名，或者就是毫无意义。但是，如果一种学说极力尝试想要把各种智识的分类（比如说真理、意义或者概念）消解成实践的态度，它就不能指望在真正智识意义上被建构出来。它只能尝试以一种机制的方式去运作，从而去开启一系列的事件。杜威的哲学是最为彻底和最为形式一贯的实用主义，在他看来，他自己的理论"意味着知道严格来说就是我们所做的事"。"分析"最终是身体的和活动中的。"意义"在其逻辑品质来说就是朝向事实的观点、态度和行为方式，并且处于活动之中的实验方法对证实来说至关重要。[①]虽然这陈述至少是前后一致的，但是，它在自己仍然"是"哲学思想的时候废除了哲学的思想。理想的实用主义哲学家，正如拉丁谚语所说，是保持沉默的哲学家。

---

① 约翰·杜威（John Dewey）：《论实验逻辑》（*Essays in Experimental Logic*），第 330 页。——原注

按照实用主义者对于自然科学的崇拜来看，只有一种经验是重要的，那就是"实验"。这一进程倾向于以组织化研究的强大机械取代通往客观真理的各种理论方法，并且得到了哲学的许可，或者说，正在被混同于哲学。自然中的万物，当它们被送交到实验室的操作中时，它们其实就被视为和它们所呈现出的现象相等同，而实验室本身的问题之多决不少于实验设备，这些问题同样体现了社会本身的问题和利益。这种实用主义观点可以与一个犯罪学家的观点相比，他坚持认为，只有将经过充分测试和优化后的检测方法运用到大都市警方手中的犯罪嫌疑人身上，才可以获得关于"人"的可靠知识。弗朗西斯·培根（Francis Bacon），这位实验主义的伟大的先行者，曾以一种青春朝气的坦率描述道："就像一个人的秉性只有等到他受到挫折时才能被真正了解，就像普罗提乌斯只有在被束缚并紧紧捆绑住的情况下才会变换自己的形态①，同样，自然的发展与在经过艺术的激发和挑战时，相比于在自由状态下，会更清晰地显现自己。"②

---

① 普罗提乌斯，希腊神话中的一个早期海神，荷马所称的"海洋老人"之一。——译注

② 此处原文中霍克海默引用的是弗朗西斯·培根的拉丁文原文：Quemadmodum enim ingenium alicujus haud bene noris aut probaris, nisi eum irritaveris; neque Proteus se in varias rerum facies vertere solitus est, nisi manicis arete comprehensus; similiter etiam Natura arte irritata et vexata se clarius prodit, quam cum sibi libera permittitur"（De augmentis scientiarum, lib. II, in *The Works of Francis Bacon*, ed. By Basil Montague, London, 1827, vol.vm, p.96）。 在原书中，霍克海默又接着列出了这段拉丁文的英文译文：For like as a man's disposition is never well known till he be crossed, nor Proteus ever changed shapes till he was straightened and held fast, so the passages and variations of nature cannot appear so fully in the liberty of nature as in the trials and vexations of art.（*Works of Francis Bacon*, new edition, vol. I, London, 1826, p.78.）。——译注

"主动实验"实际上是针对个人利益、集体利益或者社群利益所提出具体问题的具体答案。并不是只有物理学家坚持主观主义的认同，这种认同使社会劳动分工所决定的答案成为真理。现代社会中物理学家的公开角色是处理一切对象。他并不需要去决定这个角色的意义。他也同样不会必须将所谓智识概念阐释为纯粹物理事件，也不需要将他自己的方法实体化为唯一有意义的智识行为。他甚至可能怀抱希望，他自己的发现会构成真理的一部分，而这种真理并不是由某一个实验室决定的。他可能进一步怀疑，实验方法是不是他所从事工作的核心。反而是哲学教授，尝试去效仿物理学家，把自己的学科称为"所有成功科学"之一，以处理事物的方式去处理思想，剪除所有其他的真理理念，只保留那个从对自然的简化支配中所抽绎出来的真理理念。

实用主义，就其尝试把实验物理转换成所有科学的范本而言，就其以实验室技术为模板形塑智识生活的所有范围而言，它其实和现代工业主义相辅相成，对现代工业主义来说，工厂就是人类存在的范本，它更加以传送带生产、合理化的前台办公室为模板，去形塑文化的所有分支。每种思想为了证明自己有权利被人构造出来，都必须有一个托词，必须拿出一个可以证明自身可行性的记录，即便它的直接用途是"理论性的"，最终也要经受实际应用的考验，在实际应用中检验它的有效性。思想必须按照某种"非思想"的标准来衡量，按照生产中的效用来衡量，或者按照其对社会行为的影响来衡量，就像是今天，艺术的方方面面最终是按照"非艺术"的标准来衡量，或是票房的标准，或者是宣传价值的标准。但是，可以看到，科学家和艺术家的态度是一方面，哲学家的态度是另一方面，二者之间存在着差异。前者仍然有时会拒绝其自身努力带来的、在工业社会中成为标准的尴尬"成果",并且挣脱整合一致所带来的控制,后者却为这些实际标准辩护,使其成为最高准则。作为一个人,一个政治或者社会的改革者,作为一个风雅的人,他可能会反对真实世界中科学、艺术或者宗教事业的实际后果,但是,他的哲学却破坏了任何其他的他可以倚靠的原则。

这种情况在很多实用主义的作品中的伦理学或者宗教的讨论中都凸显出来。它们是开明的、宽容的、乐观的,却完全没有能力应对今日我们在文化上的溃败。詹姆士在将其同时代的一个现代学派称为"心灵治愈"运动时说道:

> 我们的整体经验明显表明,这个世界可以根据许多的观念体系来应对处理,不同的人采用不同的方法来处理。这个世界每次会给予这些人一些特定类型的好处,这其中既有他所关心的好处,与此同时也有一些不得不被省略或者被延迟的好处。科学为我们所有人提供了电报、电灯,以及医学诊断,并且成功地阻止和治疗了一部分的疾病。宗教则以"精神治疗"的形式给予我们所有人宁静、道德平衡,以及快乐,并且和科学一样阻止了一部分形式的疾病,并且对一部分特定的人来说效果更好。显而易见,对任何可以在实践层面使用科学和宗教二者之一的人来说,科学和宗教都是打开世界宝藏室的真正钥匙。①

---

① 詹姆士:《宗教体验的多样性》,纽约版,1902年,第120页。——原注

真理可能提供的是与"满足"相反的东西，它原来会在某个特定的历史时刻让人类震惊，因而会被任何人拒绝，面对这样的观念，实用主义的创始者们使主体的"满足"成为真理的准则。对这样的学说而言，拒绝或者批评任何被其信徒享受的信念都是没有可能的。即便是对那种尝试以一种比詹姆士所想象的更为直接的方式，把科学和宗教都作为"打开世界宝藏室的真正钥匙"的学派而言，实用主义都恰好可以被用作完全合理化的辩护。

在皮尔士和詹姆士撰写其作品的时代，各个社会群体之间的繁荣与和谐似乎已然在握，并且也不会预见到重大的灾难。他们的哲学，带着一种打消疑虑的率直，其所反映的精神是一种盛行的商业文化，同样反映的是一种"实用"的态度，依靠这一态度这样的哲学思考才被构想出来。他们站在当代科学的成功这一制高点上，可以嘲笑柏拉图，而柏拉图在阐释自己的色彩理论之后曾经这样说过："然而他可能尝试去以实验的方式核实这一切，却将遗忘人性和神性之间的区别。因为只有神才有那种能融'多'为'一'，进而又分'一'为'多'的知识和力量，但是，任何人都不能实现这两种操作中的任何一种，或者能在将来做到。"①

柏拉图的预测遭遇了历史最为激烈的反驳，但是，实验的胜利仅仅是这个进程中的一个方面。实用主义把"工具"的角色指派给了所有事物和所有的人，当然这种"工具"不是以神或者客观真理的名义，而是以其实际实现的目标这一名义。实用主义

---

① 《蒂迈欧篇》(Timaeus)，六十八，见《柏拉图对话集》(*The Dialogues of Plato*)，乔伊特（B. Jowett）译，纽约版，1937年，第2卷，第47页。——原注

轻蔑地问道，到底什么是"真理自身"，或者柏拉图和他的客观主义继承者们仍未定义清楚的"善"到底意为何物。它可能收到的答复是，后者至少保留了这一意识，即意识到了实用主义之所以被创造出来就是为了反对这些差别：实验室中的思考和哲学思考的差别，以及因此而带来的人类目的地和现阶段进程之间的区别。

杜威把人类欲望的完成和人类的最高目标画上等号：

> 相信智识有能力想象未来，此种未来是当下之欲求的心理投射，也相信智识能够发明出实现想象的工具，这种信念就是我们的救赎。这种信念，必须要被培育，并且必须被清晰表达。这当然就是我们哲学的相当大的任务。①

"当下之欲求的心理投射"并非解决方案。对该概念可能存在两种阐释。其一，这个概念可以用来指称真实如其所是的人之所欲，这些欲望被人们所生活于其中的社会体系所制约，而这一体系使得这些欲望是否确实属于他们不再确定。如果这些欲望被不加批判地接受，并不超出直接的、主观的范畴，市场研究和民意调查可能是比哲学更加适合用来弄清这些欲望的手段。或者，第二种解释是，杜威从某种程度上同意接受，在"主观之欲求"和"客观的可欲求性"之间存在着不同。这种程度的承认只是标志着某种批判性哲学分析的起点，除非实用主义一遇到这样的危机，就主动愿意屈服，主动愿意依赖于客观理性和神话。

---

① 《哲学的复苏》，见前引，第68—69页。——原注

理性简化为某种纯粹的工具最终甚至会影响到它作为工具的特点。"反-哲学"的精神和主观理性概念密不可分，其在欧洲达到极致时，导致了对知识分子的极权迫害，无论这些知识分子是不是这一精神的先驱，这种"反-哲学"已经是理性退化的预兆。传统主义者和保守派对文明的批评犯了一个根本性的错误，即他们攻击现代的智识化，却没有同时攻击同一进程的愚蠢化，其实这一愚弄只是同一进程的另一方面。人类的智识，并不是一个绝对的孤立、独立实体，而是有其生物学和社会学的起源。只是在社会分工的结果下，人类的智识被宣称为如此状况，从而以人类的自然结构为基础使得社会分工合法化。生产的领导型职能——指挥、计划和组织——被视为一种纯粹智识，与之相对应的生产的体力劳动职能则被视为更低级的、不纯粹的形式，即奴隶般的苦力。所谓的"柏拉图心理学"（Platonic psychology）第一次将智识和人类其他的"能力"相对照，尤其是和本能生命相对照，这种心理学在一个等级严格分明的国家内以权力分配的模式被构想出来，是不足为奇的。

杜威完全意识到[①]，这种"纯粹智识"（pure intellect）概念的来源是可疑的，但他接受将"智识"重新阐释为实践劳动的后果，并因此而赞颂体力劳动、重新激活人之本能。他无视了理性（reason）和现存科学有所差别的理论能力。事实上，将"智识"从本能生命中解放出来，并没有改变这样的事实，即智识的丰富和强度依赖于它的具体内容，如果这样的连接被切断，那智识本身也会衰退、萎缩。一个智识健全之人并非那种仅仅能够进行

---

① 杜威：《人类本性或行为》（*Human Nature or Conduct*），纽约版，1938年版，第58—59页。——原注

正确推理的人，而是那种心性完全敞开可以用于感知客观内容的人，是那种能够接受客观内容本质结构的冲击并且用人类语言去表述它的人；这一表述对于"思考"的本质、对其"真理内容"来说也同样适用。把理性中性化，去除理性与任何客观内容间的关系，去除理性评判客观内容的能力，并将其降格为一种更关心"如何"而非关心"什么"的"执行能动作用"（agency），这使其越来越成为一种单调无聊的记录事实的仪器。主观理性丧失了所有的自发性、能产性、发现和确认新类型内容的能力，亦即失去了它所有的主体性。就像一个被过度打磨的剃须刀片，这样的"工具"变得太过细薄，以至于到最后连仅限的、纯粹的形式化的任务都不能胜任。这一过程和生产力受到摧毁的普遍社会趋势相一致，在生产力极速增长的特定时期内恰好如此。

阿道司·赫胥黎（Aldous Huxley）的"反乌托邦"[①]体现了理性的"形式化"的这一面，也即呈现了理性如何被转换成愚蠢。在"美丽新世界"中，技术和与其相关的智识过程体现出一种极端的精细。但是，其所服务的目的——比如使人们能够感觉到投映到屏幕上的一根细毛的那种愚蠢的"感官电影"（feelies），以及能够在睡梦中的儿童那里反复灌输系统的全能口号的"睡眠疗法"（hypnopaedia），甚至在人们出生以前就已经把人进行标准化或者分门别类的繁殖后代的人工手法——都反映了一种在思想本身内部发生的进程，导向一种禁止思考的系统，这一进程也必然最终在一种主观愚蠢中终结，而这种主观愚蠢在所有生活内容

---

① 阿道司·赫胥黎（Aldous Huxley, 1894—1963），英格兰作家，此处应指的是赫胥黎写于1932年的著名的反乌托邦小说《美丽新世界》（*Brave New World*）。——译注

的客观愚蠢中，早就有所预兆。思想自身倾向于被刻板的观念取代。一方面，这些仅仅是被当成是便利的工具，可以随机应变地抛弃或接受，另一方面，它们又被当成是狂热崇拜的对象。

赫胥黎所抨击的是一种垄断性的"国家–资本主义"世界组织，这一组织处于一种自我消解中的主观理性的庇护下，而这种主观理性被构想成一种"绝对者"。但是，与此同时，这部小说似乎反对这个令人窒息的愚蠢系统的典范，而倾向于一种英雄主义的、形而上学的个人主义，亦即不加区分地既谴责法西斯主义又谴责启蒙，既谴责精神分析又谴责影片，既谴责"去神话"又谴责粗糙神话，并且尤其赞扬未被总体主义文明污染的"文化人"，这一"文化人"坚信他自己的本能，或者说，也许是个怀疑论者。因此，不知不觉间赫胥黎和守旧的文化保守主义处于同一阵营，这种保守主义在各地，尤其在德国，同样为某种垄断性的集体主义铺路，而这种集体主义正是赫胥黎以相对于"智识"的"灵魂"名义去批评的对象。换句话说，天真地对主观理性坚信不疑，确实造就了那种类似赫胥黎所描述的症候①，但尽管如此，以一种早就被历史废弃的、幻想式的"文化"和"个人性"概念对理性天真地加以拒绝，也会带来一种对大众的蔑视、玩世不恭，以及对于盲目的力量的依赖。这反过来又为那种被拒绝的倾向服

————————

①　这里可以引用一个极端的例子。赫胥黎创造性地描绘了一个"死亡适应"的场景——孩子们被带到将死之人的身前，会有人给这些孩子喂糖果，促使他们做游戏，与此同时观看死亡的过程。这样他们就被带动着去将愉快的想法和死亡联系起来，进而就不再恐惧死亡。1944年10月的《父母杂志》(Parents' Magazine) 里有这样一篇文章，标题是"与骷髅的对话"。它描绘的是五岁孩童如何与骷髅嬉戏，"从而去使他们熟悉人类身体的内部运作"。"你需要骨头去将皮肤撑起来，"约翰尼说，同时注视着这个骷髅。"他并不知道他已经死了，"马尔图迪说。——原注

务。今天的哲学必须面对这个问题，也即在这样的两难处境中，思想到底还能不能自我掌控，能不能因此而准备好一种理论解决方案，或者是否会自己满足于充当空洞的方法论或自欺欺人的辩护，或是像赫胥黎的最新的通俗神秘主义一样，作为一种意识形态成品而契合于"美丽新世界"，充当一种提供担保的处方。

第二章　冲突的灵药

今天，人们几乎都一致认同，哲学思想的衰落对一个社会来说几乎没造成什么损失，因为一个更为强大得多的知识工具已经取而代之，此即现代的科学思想。人们常说，哲学所尝试解决的所有问题，要么是无意义的，要么是可以为现代的实验手段所解决。事实上，现代哲学中有一个主导性的趋势就是，将传统思想未能解决的工作转而假手于科学。这样一种倾向于将科学"实体化"（hypostatization）的趋势几乎是今天所有被称作"实证主义"的学派的特征。以下所有的评论并不是准备用于充当一种对这一哲学的细节性的讨论，这些讨论唯一的目的就是使这一哲学和当前的文化危机之间发生关联。

实证主义者将这一危机归因于一种"勇气的失败"（failure of nerve）。按照他们的说法，有很多怯懦的知识分子，声称不信任科学方法，转而乞灵于其他的知识手段，比如"直观"（intuition）或者"神启"（revelation）。对实证主义者来说，我们所需要的仅仅是对于科学的充分信心。当然，他们并没有无视于科学被投向一些毁灭性的用途，但是他们声称，这是因为人们以一种扭曲的方式来运用科学。但是真的是这样的吗？当下有这样的观念认为，科学只有在被扭曲的情况下，才会是毁灭性的，而当科学被充分理解时，必然是建设性的，但科学的客观进程，以及科学的应用——技术，并不能为这一想法辩护。

科学确实可能以一种更好的方式被投入使用。但是，实现科学"向善"潜能的方式是否就完全等同于其当下所走的道路，是完全不能确定的。实证主义者似乎忘记了，他们所设想的自然科学，首先是一种生产的辅助手段，一种社会进程中诸多元素中的一种。因而，"先验地"去断定在社会的进步或者退步中科学发挥了何种角色，是完全不可能的。从这方面来说，它所发挥的效应，无论是积极或是消极，是和它在经济进程中的总体趋势中所承担的功能相一致的。

今天的科学，它和其他的智识理想和智识活动的区别，它在不同的特定领域中的分工，它的程序、内容和组织方式，只有在它和它所发挥功能的社会之间的关系中才能被理解清楚。实证主义哲学将工具"科学"视为是进步的理所当然的冠军，这一看法和其他对技术的颂扬一样谬误。经济上的技术专家统治论将一切寄希望于生产上的物质手段的解放。柏拉图曾希望哲学家成为城邦支配者，但是，技术专家希望工程师们成为一个社会的"董事会"。实证主义是哲学上的技术专家统治论。它明确的是，对于数学的独一无二的信仰是成为社会的"董事会"一员的先决条件。柏拉图赞颂数学，他将城邦统治者设想成管理专家，一种"抽象之物"的工程师。与此相似，实证主义者将工程师视为

"具体之物"的哲学家，因为工程师运用科学，而这一科学的哲学（如果它完全被容许）只是"摹仿"之物而已。尽管柏拉图和实证主义者存在着种种不同，但他们都认为，拯救人性的方法就是将其置于科学推理的规则和方法的管制之下。只不过，实证主义者让哲学去适应科学，也就是说，让哲学去适应实践的需要，而不是让实践适应哲学的需要。对他们来说，思想在其特定的充当"管理式婢女"（*ancilla administrationis*）的行为中成为一种"世界的统治者"（*rector mundi*）①。

若干年前，有三篇文章以一种实证主义的方式评估了当前的文化危机，这三篇文章极为清晰地分析了其中的关键议题。②悉尼·胡克③主张，当前的文化危机源于"对于科学方法丧失信心"。他为众多知识分子有志于不等同于科学的知识和真理而哀叹。他指出，这些知识分子依赖于不证自明、直观、本质直观（Wesenserschauung），神启，以及其他可疑的信息来源，而不是去做一个可靠的研究，去做实验，去以一种科学的方式获取结论。凡提倡形而上学者，他都加以谴责，他还指责新教哲学和天主教哲学，以及指责后者有意无意的和守旧势力的结盟。尽管他对自由主义经济学持批判态度，他提倡的仍是一种"理念世界的

---

① 此处"管理式婢女"和"世界的统治者"，霍克海默用的都是拉丁文。——译注

② 悉尼·胡克（Sydney Hook）：《神经的新失败》（The New Failure of Nerve）；杜威（John Dewey），《绝境中的反自然主义》（Anti-Naturalism in Extremis）；欧内斯特·内格尔（Ernest Nagel）：《恶意的科学哲学》（Malicious Philosophies of Science）；见《党派评论》（Partisan Review），1943年1—2月，第10卷，第2—57页。部分文章后来又收入由克里克里安（Y.H. Krikorian）主编的《自然主义》（Naturalism）和《人类精神》（Human Spirit）中，哥伦比亚大学出版社1944年版。——原注

③ 悉尼·胡克（Sydney Hook，1902—1989），美国实用主义哲学家。——译注

自由市场传统"。①

杜威②（John Dewey）则抨击"反-自然主义"(anti-naturalism)，因为后者"阻止科学完成其使命及完成其建设性的潜能"。欧内斯特·奈格尔（Ernest Nagel）探讨的是"恶意的哲学"(malicious philosophies)，他驳斥了形而上学家所提倡的几个具体的观点，而这些观点意在否定自然科学的逻辑可以足够成为道德态度的智识根基。这三篇论辩文章和其作者的其他论点类似，毫不妥协地反对威权主义意识形态的各种预兆，他们值得人们给予最大的敬意。我们的批判性观点仅仅是严格地指向客观的理论差异。但是，在分析实证主义的危机解决方案之前，我们先谈论一下他们的对手所提出的应对手段。

毫无疑问，当有人有预谋地、人为地去"复兴"早已过时的本体论时，这样的行为遭到实证主义者攻击，此种攻击完全合理。这种"复兴"的提倡者虽然可能极有文化修养，却正在通过把这种"营救"变成自己的哲学事业，背叛西方文化最后的遗存。法西斯主义在现代的条件下"复兴"旧式的统治手段，残酷之处却更甚于后者的原始形态，难用言语尽述。哲学家在现代的条件下复兴威权主义思想体系，其极天真、武断且虚假之处，亦更甚于此类体系的原始形态。善意的形而上学家，通过他们未臻完备的"博学"，将"真""善""美"论证为经院哲学中的永恒价值，但对于希望反抗当权者的独立思想家而言，此种论证却毁坏了这些观念所可能具有的意义所在。这些观念在今天被人宣扬，就好像它们是商品一般，但是在从前，它们却被用来反对商业文化的种种效应。

---

① 胡克：《神经的新失败》，同前引，第3—4页。——原注
② 杜威：《绝境中的反自然主义》，同前引，第26页。——原注

今天，普遍存在一种要让过去的客观理性的理论"复兴"的趋势，因为那些普遍被接受的价值间的等级差异正在今天迅速崩解，这种"复兴"能够将一种哲学基础赋予这种差异。伴随着伪哲学的或半科学的思想拯救手段、唯灵论、占星术，伴随着过往哲学的廉价分支（诸如瑜伽、佛教或者神秘主义），伴随着古典客观性哲学的通俗化改编，中古本体论正在被推荐给现代人使用。但是，从客观理性到主观理性的转换并不是一个意外，并且，种种观念的发展过程并不是随意在任何一个给定的时刻都可以被颠倒。如果说，以启蒙的形式存在的主观理性消解了一直作为西方文化中关键部分而存在的种种信念的哲学基础，它之所以能够做到如此，是因为这一基础确实已然是太过虚弱。它们的"复兴"，因此完全就是人为造作的：是用来为调补某种断档的目的而服务。"绝对者"哲学被用来作为一种绝妙的将我们从混乱中拯救出来的工具。和那些所有的、通过今日社会选择机制考验的学说一样（无论这些学说是好是坏），客观主义哲学承担着同等命运，它们变得标准化，为某种特定的目的而服务。哲学观念为那些宗教团体、或者为那些开明的、进步的或保守的团体而服务。"绝对者"自身成为一种手段，客观理性则成为一种为主观目的而设的方案，尽管它可能太过宽泛。

现代托马斯主义者（Thomists）[①] 有的时候会把他们的形而上

---

① 这一重要的形而上学流派包含了一些我们的时代的最有责任心的历史学家和作家。此处的批评仅仅与下述趋势相关，即独立的哲学思考正在被独断论取代。——原注

现代托马斯主义，此即下文所说的"新托马斯主义"（neo-Thomism），出现于19世纪末至20世纪的天主教神学思潮，相对于传统中世纪的、以托马斯·阿奎那为代表的经典"托马斯主义"而言，"新"托马斯主义试图在20世纪现代科学发展的背景下，调和科学与宗教，知识与信仰。——译注

学形容为一种有益的或有用的针对实用主义的补充物，而且，他们也许是对的。既定宗教的哲学调整承担了一种功能，这种功能对当权者来说，它们把神话思想的未消亡遗留物转换成大众文化的可操作性装置。他们这种人为的"复兴"越是想要使得那些原来的学说的字面意义保持完整，就越会扭曲这些学说的原初意义，因为真理是在诸多变化中的、冲突中的观念的演进中锻造出来的。思想忠于自身，是因为它时刻做好了和自身发生冲突的准备，与此同时，将真理当初何以被抵达的进程保留为记忆，以此作为真理的内在要素。现代哲学针对文化元素施以"复兴"，此种保守主义是自我欺骗。新托马斯主义者（Neo-Thomists）[①] 忍不住想要使生命进一步"实用化"以及使得思想进一步"形式化"，这和现代宗教相类似。他们促成了本土信仰的消解，并使得信念成为一种权宜之术。

宗教的实用化，无论其在很多方面如何渎神——比如它将宗教和卫生学联系在一起——不仅仅是一种针对现代工业文明条件而调适的结果，更是因为其根植于任何系统性神学的自身本质之中。对于自然的开发可以追溯到《圣经》的第一章。所有生物都受人类支配。只是这种支配的方式和体现已经改变了。但是，最初的托马斯主义者可以达到他们调适基督教以适应当代科学和政治形式的目的，新托马斯主义者却处在一种不稳定的位置上。因为在中世纪对自然的开发依赖于一个相对静态的经济，科学在那个时代也是教条的和武断的。它和教条式的神学之间能够维持相对和谐的关系，而亚里士多德学说也就很容易地就被吸收到了托

---

① "新托马斯主义者"：见上文"现代托马斯主义者"注释。——译注

马斯主义之中。但是这样的"和谐"在今天是不可能的，而新托马斯主义对于诸如起因、目的、力、灵魂、实体等种种范畴的使用就必然是不加批判的。对于托马斯来说这些形而上学的观念代表了当时处于巅峰的科学知识，在现代文化中它们的功能却已经完全改变了。

不幸的是，对于新托马斯主义者来说，他们所声称源自他们神学理论中的概念不再形成科学思想的支柱。他们无法像托马斯对亚里士多德和波伊提乌的仿效那样，将神学和当代自然科学整合到一个层次分明的智识系统之中，因为现代科学的发现显然和经院哲学的"秩序"（ordo），以及和亚里士多德主义的形而上学相冲突。今天，没有任何教育的系统（即便是最为守旧的教育系统）会被允许将量子力学和相对论视为主要思想原则之外的事物。因此，为了使其观点和今日的自然科学相和谐，新托马斯主义者必须发明出所有种类的智识层面的巧计。他们的困境让人想起了当现代天文学将要来临时那些仍然想要拯救托勒密体系的天文学家，他们为此给这个体系添加最为复杂的辅助性阐释，声称尽管发生了所有的种种变化，但这些阐释可以使这个体系保存下来。

和他们的祖师不一样的是，新托马斯主义者并没有费尽心力从圣经的宇宙哲学中去推导出当代物理学的内容。物质的电子的结构的复杂精细，更不用说宇宙大爆炸理论，必定会使得上述任务无比艰难。托马斯如果活在今天，他也许同样会面临这个问题，他或许要么基于哲学原因去谴责科学，要么就会成为一个异教徒。他不会去试图把不相兼容的因素整合到一起。但是他的追随者们却不能采取这一立场：最为晚近的教条主义者们必须在天国与尘世、在本体论的和逻辑-经验论的物理学之间两相周旋。

他们的方法就是"在抽象的意义上"认同，即便是非-本体论的描述也在某种程度上道出了真理，或者认同于，因为"合理性"（rationality）精确如数学而将其归功于科学，抑或在哲学领域达成类似可疑的协议。通过这一手段，教会哲学给人的印象是，现代物理科学已经被整合到了它的恒久不变的体系之中，然而，这一体系却不过只是它所声称成功整合的那些理论的一种过时形式。当然这一体系也确实是紧随着和科学理论同样的统治理想而塑造自身的。这其中存在着同样的掌控现实的深层目的，而非批判现实的目的。

这种对于客观主义的哲学体系、宗教体系抑或迷信体系的种种"复兴"，其目的就是调节个人思想，使其符合大众操控的现代形式。在这个方面，对于基督教的哲学复兴就和德国的那些异教神话的复兴并无太大不同。残存下来的德国神话曾经被作为反抗资产阶级文明的隐秘力量。在已然被有意识接受的教义和秩序的表面之下，古老的异教回忆酝酿积蓄为一种民间信条。它们给予德国诗歌、音乐和哲学以灵感。一旦被重新发掘并被操纵为大众教育的元素后，它们与现实的流行形式之间的对抗就消亡了，就成了现代政治的工具。

新托马斯主义运动对天主教传统所做的就是某种类似的事。就像是德国的新异教者，新托马斯主义者正在精简古老的意识形态，尝试使其适应现代目的。通过这一做法他们和现存的邪恶相妥协，就像国立教会一直以来所做的那样。与此同时，他们在不知不觉间消解了所应恪守信仰的最后精神遗存，而这种信仰恰是他们所尝试去提倡推广的。他们把他们自己的宗教观念"形式化"了，是为了去使得它们能够适应现实。他们也就不可避免地对强化宗教信条的抽象辩护更加感兴趣，而非这些信条的特定内容。这便显然是通过理性的形式化使威胁到宗教的危险暴露出来。和传统意义上的传教工作不同，新托马斯主义者的教义中更多的并非基督故事和信条，而是论证为什么宗教的信仰和生活模式在我们当前的情形下值得推荐。但是，这样一种讲究实际的态度，确实影响了看似已被他们置之不理的宗教概念。被"订做"出来的新托马斯主义本体论腐蚀了它所宣扬的观念的核心。宗教的目的被颠倒为一种世俗的手段。新托马斯主义几乎不会出于"悲伤的圣母玛利亚"自身的角度对其中的信仰问题有所挂心，虽然这个宗教概念启发了如此多的欧洲艺术和诗学。它关注的是对信仰的信奉问题，因为这可以是今天的社会难题和心理难题的一剂良药。

当然，针对"玛利亚的智慧"并不缺少种种训诂解经的工作。但是，在这些工作中存在着一些人为的因素。他们被迫采取一种"天真"（naïveté）态度，这和他们所认为理所当然、且最终在宗教哲学中扎根的普遍"形式化"进程形成鲜明对比。即便是在中世纪的基督教文本中（从早期教父学教义以降，特别是托马斯·阿奎那的文本），也出现了一种强烈的想要将基督教信仰中的基本元素"形式化"的冲动。这种趋势可以追溯到一个令人敬畏的先例，即"第四福音书"的开端中基督对于"道"（logos）的认同。伴随教会发展的历史，早期基督徒的本真体验被迫屈从于理性的目的。托马斯·阿奎那的作品标志着这个过程中的决定性的阶段。亚里士多德学派的哲学，因其内在的经验主义，变得比柏拉图主义的冥思更为合于时宜。

在基督教会发展史的最早期，启蒙对教会来说绝不是无关紧要的事，也绝不会被放逐到异教邪说的遗忘状态，但只是大体上顺其自然地在教会的内部被处理。托马斯运用自由开放的类比法、归纳法、概念分析法，运用据说是已经显而易见的公理，以及运用亚里士多德学派的概念范畴（这些范畴在他的时代仍然能够呼应实证科学所达到的层次），对基督宗教的内容重新阐释，帮助天主教会把新的科学运动融合进来。他的出色的概念结构，他对基督教的哲学建构，使得宗教看起来是自治的，使宗教能够长时间保持独立，却又能和都市社会的智识进程保持兼容。他使得天主教学说成为贵族和市民阶层一种最有价值的工具。托马斯确实是成功的。在接下来的若干世纪里，整个社会是愿意将那种高度发展的意识形态工具的管理交付于神职人员的。

但是，尽管有着这样的对于宗教的思想加工，中世纪的经院哲学并没有将宗教转化为纯粹的意识形态。尽管对托马斯·阿奎那来说，宗教信仰的对象（比如"三位一体"），并不能同时成为科学的对象，他的著作站在亚里士多德立场而反柏拉图，这些著作反对致力于将这两个不同领域设想为异质共处的混合物。对他来说，宗教的真理和科学的真理一样具体。这种未被扰乱的、对于理性经院哲学装置的现实性的信心被启蒙运动击碎。自此以后，在它的现代哲学版本的曲解下，被显然揭示为一种败坏道德的神学。今天，它的倡议者不得不谨慎思考，它的在科学上值得怀疑的论断，人们还愿意继续去相信多少。他们似乎已经意识到，必须仅将在亚里士多德正统学说中仍然重要的、推理中的归纳法保留下来，给世俗研究使用，从而使得神学能够完全地从令人尴尬的研究中脱离出来。如果能够以人为的方式使得托马斯主义不进入和现代科学的冲突，甚至不进入和现代科学的互动，知识分子和未受教育者便都可以像托马斯主义所提倡的那样去接受宗教。

　　新托马斯主义者越是退缩到精神概念的领域中，它就越发变成世俗意图的仆从。在政治中，它能够被变为一种对于所有类型的事业的批准，在世俗生活中变成一种准备就绪的药方。胡克和他的朋友正是在这一点上声称，鉴于其教义的模糊不清的理论根基，它仅仅是一种时间问题和地理问题，无论其是否被用来为民主抑或威权政策辩护。

　　新托马斯主义，就像任何其他的教条哲学一样，尝试在某个点停止，是为了给某种至高存在或者至高价值——无论是政治的还是宗教的存在抑或价值——创造出一个专有之地。这些"绝对者"越是变得不可靠——在"形式化"理性的时代它们确实变得可疑了，它们的信徒就越是忠诚地为它们辩护，也在使用非纯粹智识手段去宣传他们的崇拜对象时会更少谨慎——如果需要的话可以诉诸剑也同样可以诉诸笔。因为就其自身的优劣来说这些绝对物正在变得不让人信服，它们必须被某种新颖的理论确证。这种确证，反映在那种几乎是时断时续的渴望之中，这种渴望试图把概念中的任何不确定特征去除，把其中的任何邪恶因素去除，从而将这一概念美化，这种在托马斯主义中的渴望，几乎很难和负面的受诅咒者的"先知异象"相协调，因为受诅咒者必须承受折磨，"因为他们在作为选民的喜悦中看到主的公义，并且已经意识到，他们此前对此事是未能领会的"（*ut de his electi gaudeant，cum in his Dei Justitiam contemplantur，et dum se evasisse eas cognoscunt*）①。今

---

　　① 托马斯·阿奎那：《神学大全》第三集·补遗。[此处霍克海默在原文中引用的是拉丁文，但是在脚注中又给出该拉丁文的英文译文：Because the elect rejoice therein when they see God's justice in them，and realize that they have escaped them，中译据霍氏脚注中援引的英译文译出。霍克海默所引用英译文出自英国多明我会教省的神父们的英译本《神学大全》（Literary translation by the Fathers of the English Dominican Province），第21卷，1922年，第204页。]——原注

天，这种建立一种作为真实权力的绝对原则的强烈冲动依然存在，或者说，建立作为绝对原则的真实权力的强烈冲动依然存在。似乎只有当至高价值同时作为至高权力存在，它才能够被视为真正的"绝对者"。

这种善、完美、权力和现实的同一性内在于传统欧洲哲学之中。亚里士多德主义中，总是那种等待权力或者争取权力的群体的哲学被清晰阐释出来，这种哲学构成了托马斯主义的根基，尽管托马斯在他委实深邃的学说中已经指出，作为"绝对者"的"存在"只有在通过类比的情况下才能被称为"存在"。按照福音书的记载，主经受了受难和死亡，但是，按照阿奎那的哲学，主是不会受难，也不会变化的。[①] 根据这一学说，正统的天主教哲学尝试去回避作为终极真理的上帝和作为一种现实的上帝这二者之间的矛盾。它构想出一种不包含负面因素，以及不必受制于变化的现实。因此，教会得以维持建立在存在的基本结构基础之上的永恒自然律这一观念，而这一观念在西方文化中是至关重要的。但是，回避绝对者中的负面因素以及因此而生的二元论——一面是上帝，另一面则是有罪世界，意味着极为随意地舍弃了智识。教会通过这种方式阻止宗教的衰退，以及阻其替代物——对于历史进程的泛神论神化——的衰退。它避免了德国神秘主义和意大利神秘主义的危险，这其中诸如艾克哈特[②]、库萨主教[③]和布

---

① 《反异教大全》(Summa contra Gentiles)，第一部，第16页。——原注

② 艾克哈特，即艾克哈特（埃克哈特）大师（Meister Eckhart，约1260—约1327），德国神学家、神秘主义者。——译注

③ 库萨主教，即 Nicholaus von Kues (Nicholas of Cusa)，也被称为 Nicolaus Cusanus(1401—1464)，德意志神学家，曾任天主教布里克森教区主教，出生于德意志的库斯，著有《有知识的无知》等。——译注

鲁诺[①]，他们创立的神秘主义即尝试去克服自由发展的思想中的二元论。

他们对于上帝的世俗元素的承认已被证明刺激了物理科学的发展——将这一因素包含在"绝对者"之内，似乎辩护了甚至是批准了物理学的主旨内容——反倒对宗教和智识的平衡有所损害。神秘主义开始要让上帝依存于人（就像是人依存于上帝一样），最终合乎逻辑的结局就是对"上帝之死"的宣判。然而，托马斯主义却要在极为严苛的规训之下来扼制智识。面对着孤立的，以及因这一孤立而陷入矛盾的概念——"上帝"与"世界"（这对概念被一个静态的、最终非理性的分级体系机械地联系在一起），托马斯主义停止了思想。"上帝"这一观念变得自相矛盾：被认为是"绝对者"的一种实体，却并不能包含变化。

新托马斯主义的对手们公允地指出，教条主义迟早会把思想带入停顿。但是，新实证主义的学说不正是和对绝对者的赞颂一样教条？他们试图让我们接受一种"生命的科学式的、实验式的哲学，在其中所有的价值都由起因和结果所验证"[②]。他们主张当下智识危机的责任在于"科学权威被限制，以及用来发现事物之性质及价值的、除'对照实验'法以外的种种方法的制度"[③]。人们阅读胡克时，会很难想象，如希特勒这样的人类之敌也对科学方法有着极大的信心，也很难想象，德国宣传部也持续地使用了"对照实验"法，以及用"原因和结果"去验证所有的价值。就像是所有的现存的信条一样，科学能够被用来为最为极端的社会

---

① 布鲁诺，乔尔丹诺·布鲁诺（Giordano Bruno），见本书第14页注释。

② 胡克：《神经的新失败》，同前引，第10页。——原注

③ 内格尔：《恶意的科学哲学》，同前引，第41页。——原注

力量服务，而唯科学主义的狭隘程度不亚于激进的宗教。纳格尔先生陈述说，任何试图限制科学的权威的做法都是恶毒的，这暴露了他的学说中的褊狭之处。

当科学主张索要在其革命性过往中曾谴责过的其他机制所践行的审查权力时，科学自身的根基已不牢固。当科学已被普遍接受，甚至已成专断之势，此时，学者们开始为焦虑所困，他们害怕科学的权威被毁坏。任何思想，如不完全顺从于组织化的科学的假设，实证主义者就会加以排斥。他们把封闭式会员制的原则转移到观念的世界。普遍的专断趋势愈演愈甚，以至于会去吞噬真理的理论概念。这种趋势，以及胡克所提出的"观念世界中的自由市场"概念并不是像胡克所认为的那样，是相互对抗的。这二者都是在精神的事物中采取效率至上的态度，一种对于成功的专注。

工业文化不但完全不排斥竞争，而是一直在竞争的基础上组织研究。与此同时，这一研究完全是被严格监视的，并且从事这一研究是为了顺从于既成的模式。这里我们看到，竞争性的控制和威权性的控制如何能够携手合作。这种合作有的时候对有限目的来说是有用的，比如，在生产最好的婴儿食品、超级爆炸物，以及宣传方法方面。人们很难声称这会对真正的思想的进步有所贡献。在现代科学中，自由主义和威权主义之间并没有泾渭分明地区分。在真正的事实层面，自由主义和威权主义趋向于在某个方面形成互动，从而促成在一个非理性世界的制度中施加越发严苛的理性控制。

尽管科学专断论（Scientific absolutism）抗议种种施加于自身的"教条主义"指控，它和它自己所猛烈挞伐的"蒙昧主义"一样，必须撤回到对"不证自明"原则的依赖之中。唯一的区别在于，新托马斯主义意识到了这一基本前提，而实证主义完全对此抱着幼稚的看法。一个理论可能依赖于不证自明原则并不是个中关键——这是最为错综复杂的逻辑问题之一——关键更是在于新实证主义所践行的种种信条正是它所攻击其竞争对手的标靶所在。只要它的这种攻击没有停止，它就必须证明自己的最高原则的合法性，其中最重要的就是对于真理和科学的认定原则。它必须明确，它为什么要把某些程序视为是"科学的"。这个哲学主题将要决定对科学手段抱持信心——而这正是胡克对于当前险恶局面的解决办法——只是一种盲目的信从，还是一种理性的原则。

前面谈到的三篇文章并没有处理这个问题。但是，已然存在一些迹象暗示我们实证主义者将会如何解决这个问题。胡克先生指出了科学的论述和非科学的论述之间存在着的一个不同点。他说，后者的有效性，是被个人的感觉决定的，而科学判断的有效性是"确立于一种公开的验证，面向所有服从其原则的人开放"①。这里所说的术语"原则"，是指那些已在最为先进的手册中被规范化编纂，并已经被实验室里的科学家成功运用的规则。当然这些程序也是当代有关科学客观性的观念所特有的。但是，实证主义者似乎混淆了这些程序和真理自身。如哲学家或者科学家们所曾提出过的，科学应该期待哲学思想去解释真理的性质，而不是简单地去推进科学上的方法论，以此作为对真理的终极定义。实证主义通过论证哲学只是科学手段的分类和形式化，实际

① 胡克，《神经的新失败》，同前引，第 6 页。——原注

上闪避了这个问题。语义批评的种种假定，比如对于相关性的假定，以及将复杂的陈述简约化为几个基本命题这样的原则的假定，就是以这种形式化的方式出现。因为科学是社会进程中的一个要素，当它被册封为"真理仲裁者"（*Arbiter Veritatis*）时，就使得真理自身屈服于不断变化的社会标准。最终，这个社会将会被剥夺任何一种抵抗桎梏的智识手段，这种种桎梏也是社会批判一直以来都在谴责的东西。

诚然，即便是在德国，"日耳曼民族数学""日耳曼民族物理学"以及类似的无意义概念，在政治宣传中比在大学里扮演更为重要的角色。但是，这是因为科学本身的势头所致，是德国军事的需要所致，而不是源自实证主义哲学的态度，毕竟实证主义哲学在历史的某个特定阶段反映了科学本身的特性。如果组织化的科学完全屈从于日耳曼民族的需要，并且已经因此具体化为一种一贯如此的方法论，实证主义最终也就只能去接受它，就像在其他地方，当经验主义社会学的模式因管理需要和习俗限制而形成，它也同样被实证主义接受一样。通过如此顺从地将科学变成哲学理论，实证主义否认了科学自身的精神。

胡克说，"他的哲学从根基上并没有'先验地'弃绝超自然实体和超自然力量的存在"[1]。如果我们严肃对待这样的陈述，我们可能会期待同样的此种实体甚至是精神在某种条件下可以"复活"，而其"驱魔仪式"就是作为整体的科学思考的核心。实证主义会不得不向这样重新陷入神话学的做法表示同意。

杜威则指出了另外一种区分"要被接受的科学"和"要被谴

---

① 胡克：《神经的新失败》，同前引，第 7 页。——原注

责的科学"这两者的方法："自然主义者（这里'自然主义'被用来将'超自然主义'的主要代表和各种不同的实证主义流派区分开来）是必然会尊重自然科学的结论的那种人。"① 现代实证主义者倾向于接受自然科学（特别是物理学），将其作为思考的正确方式的典范。也许，当杜威先生在写下如下文字时，已经给出了这种非理性偏爱的动机："实验观测的现代方法已经使天文学、物理学、化学和生物学学科内容产生了一种深刻的转变，"并且，"这种造就的转变已经在人类关系上施加了最为深刻的影响。"② 诚然，科学就像一千种其他因素一样，已经在带来某种善的抑或恶的历史变化方面扮演了某种角色，但是，这并不能证明，科学是人类能够被拯救的所能依靠的唯一力量。如果杜威想说的意思是，科学变化经常带来的是趋向更好的社会秩序的变化，他就误解了经济力量、技术力量、政治力量和意识形态力量之间的互动。在揭示科学和文化进步之间的关系方面，欧洲的"死亡工厂"自身与那些窒息而死的堆积尸体的制造一样关键。

实证主义者把科学简化为物理学及其分支中所应用的程序。一切凡是跟他们从物理学中抽绎而出的、他们视为是合法之方法不相符合的理论工作，他们都拒绝冠以科学之名。这里必须看到，把所有的人类真理分隔为科学和人文学科，这本身就是一种社会行为，这种社会行为被各个大学的组织实体化，最终被各个哲学流派实体化，尤其是那些李凯尔特（Rickert）和马克斯·韦伯（Max Weber）的追随者们。所谓的实践世界已经没有位置为真理存留，因而只能使其分裂，进而使其屈从于自身的图像：物

---

①② 杜威：《绝境中的反自然主义》，同前引，第26页。——原注

理科学被赋予了所谓的客观性，但是被抽空了所有的与人相关的内容，人文学科保留了与人相关的内容，但是会以真理的丧失为代价，只被视为一种意识形态。

如果我们仔细审查实证主义者的原则的终极合法化，他们的教条主义倾向就会越发明显，尽管他们可能会认为这一做法是缺少意义的。实证主义者指责说，托马斯主义者和所有其他的非实证主义哲学家使用的是非理性的方法，尤其是使用了不被实验手段控制的直觉。与此相反，他们声称他们自身的洞见是科学的，他们坚称他们对于科学的认知是建立在对科学的观测的基础之上；那就是说，他们对待科学的方式，与科学以实验性的、可被证明的观测法对待其客体的方式相等同。但是，关键的问题在于：如果断定某对象可被称为科学和真理，但这一断定自身已经预先假定了抵达科学真理的方式，这样的断定的理由何以充分？任何以科学观测的名义使科学手段正当化，也都存在这样的循环论证："观测原则"自身如何被正当化？如果要使某对象正当化，如果有人问为什么"观测"就是真理的真正保证，实证主义者又会再一次求助于"观测"。但是，他们其实是闭着眼睛的。实证主义者不是去解释研究中的机器一般的运作，不是去解释寻找事实、证实、分类，以及其他的机制，不是去反思它们的意义及其与真理的关系，实证主义者反复重申的是，科学依靠观测而发展演变，并且根据具体情形去描述它如何运作。当然，他们会说，去为"证实"的原则辩护或者证明这一原则并非他们所关心的事——他们仅仅想要讨论科学意义。换句话说，他们拒绝去"证实"他们自己的"原则"——"任何陈述除非被'证实'否则是无意义的"——他们所犯的就是逻辑上的"循环论证"谬误

(*Petitio Principii*)。

　　毫无疑问，存在于实证主义态度的根源处的逻辑谬误只是暴露了它对于制度化科学的崇拜。但是，它也不应被忽视，因为实证主义者总是夸耀它们的种种论述的严谨和逻辑上的纯粹。将实证主义的、基于经验的证实原则最终合法化，会引来一个难题，而这难题的题中之义就是反实证主义者的，只是因为他们把其他所有的哲学原则都是称作是教条的、非理性的。其他教条主义者起码会从根基处论证他们的原则，诸如他们称之为神启、直觉或者首要证据的原则，但是实证主义者却尝试简单使用上述方法，并且指责那些有意实践这些方法的人，从而回避自身逻辑上的谬误。

　　自然科学的有些方法论家声称科学的基本公理可以并且应该是任意的。但如科学和真理自身的意义——这一论断首先应该对此加以论证——都成问题，这一论断就不能站得住脚。即便是实证主义者也不能将他们想证明的对象认定为理所当然，除非他们直接宣判那些视若无睹的人将不会受神恩典，以此中断所有的讨论——这在他们的语言中其实意味着：不符合符号逻辑的理念没有意义。如果科学将要成为坚定对抗蒙昧主义的权威——并且在有此诉求的同时实证主义者继续维持人文主义和启蒙的伟大传统——哲学家们必须为科学的"真正本质"建立一个标准。哲学必须以这样的一种方式阐释科学的概念，即将其阐释成为针对即将来临的退入神话和疯狂的一种堕落的抵抗，而不是通过阐释科学，以及使其屈从于现存实践的要求来把这种堕落进一步加深。要想成为一种绝对权威，科学必须是因为作为一种智识权威而正当有理，而不仅仅是因为，它是从经验层面的程序中推导而出，并随后在科学成功的教条标准的基础上而成为一种绝对者。

在某种程度上，科学很有可能会超越实验研究的手段。所有处理科学的逻辑结构问题的、见解敏锐的实证主义者的著作加在一起，其价值也会遭到挑战，因为它们的意义只是被局限在经验层面。实证主义者依赖于科学的"成功"而使得自身的方法合理化。就因为科学已在实践层面取得成功，并且在社会层面被接受，他们从不关心，如何在诸如直觉或其他可能有悖于科学的原则的基础上，去建立一种对于实验研究等种种科学方法的自己的理解。在这一点上它自身内部的逻辑机制———一些实证主义者将这一机制指认为和经验主义不同的原则——无法被调用，因为指导性的逻辑原则绝不会被认为是不证自明的。就像杜威所说的，他们和皮尔士一样，体现出的是"在持续探究的行动过程中确定下来的情况，这种探究和它自身的成功的追求有关"①，这些原则，"源于对于先前所使用的方法的调查"②，人们并不能看到，哲学如何使这样的观念合法化，即证明这些原则"在操作层面先验地和进一步的探究相关"③，或者说，在何种程度上，源于观测的数据在何种程度上可以用来对抗自称是真理的幻想。在实证主义哲学那里，逻辑，尽管它可能是被想象成形式主义化的，却是源于经验程序，那种自称为"经验–批判主义"（empirio-criticism）或者"逻辑经验论"（logical empiricism）的学派，最终被证实不过是各种类型的感官主义的经验论。在观点上针锋相对的思想家们（比如柏拉图和莱布尼茨，抑或美斯特尔、爱默生与列宁），他们所一直维持下来的与经验论相关的内容，对现代的追随者来说也同样适用。

① 《论实验逻辑》，第11页。——原注
② 同上书，第13页。——原注
③ 同上书，第14页。——原注

经验论废除了那些科学和它自身所能够依赖而使自己合法化的原则。观测，就其自身而言，并不是一种原则，而是一种行为的模式，一种"操作手段"(modus procedendi)，在任何时候它都可能导致自身被取消。如果在任意某一时刻，当科学必须改变其自身的方法，或者在今天的实践中"观测"不再可能做到，那么，要么就会有必要去修改观测的"哲学"原则，进而相应地修改哲学，要么就是把这个原则当成教条去维护。这一实证主义的弱点，为实证主义者的一个潜在的默认所掩盖，也即他们默认科学中所使用的通常的经验程序是天然地符合理性和真理。对任何从事实际的、非–哲学的研究的科学家来说，这一乐观的信念是完美地合法正当，但是，对哲学家来说，这看起来就是一种幼稚的绝对主义的自我欺骗。从某个角度来说，就算是教会的最不理性的教条主义，也比狂热化以至于夸大自身理性的"理性主义"要更理性。

实证主义者一方面说，科学必须要为自身立言，另一方面却又说，科学只是一个工具，而工具尽管取得了压倒性的成就，却是不必表达自身的。无论实证主义者喜欢与否，他们所教导的哲学由理念构成，并且远不只是一种工具。根据他们的哲学，言语所拥有的仅仅是功能而非意义。他们的哲学将无意义性当作自身的意义，这一悖谬倒是可以作为辩证思想的一个极好的开端。但是恰恰就是在这一点上，他们的哲学终结了。当杜威说"直到自然主义者已经运用他们的原则和方法，去用于针对诸如精神、意识、自我等主题的阐释，他们将会处于一种不利的位置"时，他似乎已意识到了这一缺点。[1] 如果说有一天实证主义将会解决这

---

[1] 杜威：《绝境中的反自然主义》，第28页。——原注

一迄今为止它一直在疲于应对的关键问题，这只会是一个空洞的承诺。在卡尔耐普和其他人做出一些偏向初步唯物主义的直接宣告后，实证主义中已然滋生了某种不愿解决此种棘手难题的抵触情绪，并非偶然。"新实证主义"的方法论结构和理论结构恰恰妨碍了对"诸如精神、意识、自我等主题"中所表现出的问题做出恰如其分的处理。实证主义并没有权利去轻视直觉主义（intuitionism）。这两种针锋相对的学派实际上遭遇的是同一种缺陷：专断主义的陈述都在某种程度上妨碍了批判性的思考，无论这一思考是关于最高的智识，还是关乎作为最高智识替代者的科学。

实证主义和新托马斯主义都是有限的真理，他们都忽略了他们原则之内的固有矛盾。因而，他们都尝试去承担思想领域中的某种专制角色。实证主义者忽略了这一事实，即他们的缺陷是根本性的，反而在面对当前的智识危机时将其无效归因于某种小小的疏忽——比如说，归因于他们未能提供一种貌似合理的价值理论。胡克坚称，"科学探究有能力对社会生活中既得利益的要求、不平等特权的要求，以及任何作为'一种国家阶级或种族事实'而被提出的事物的要求做出价值判断"[1]，他想要价值接受检验。纳格尔同样宣称，"科学分析、科学检测、想象性重构、假设的详尽阐释，以及实验验证中所有的元素，全都——必须被应用"[2]，他也许在脑中设想了对胡克所提之价值的"起因与结果"的检测，并且他的意思是，我们应该准确地知道，为什么我们想要某些事物，如果我们去追寻它们将会发生什么——理想与信条

---

① 胡克：《神经的新失败》，同前引，第 5 页。——原注
② 纳格尔：《恶意的科学哲学》，同前引，第 57 页。——原注

必须被认真考察，从而看清，如果它们被置入实践，会发生些什么。这成了关乎马克斯·韦伯所定义之价值的科学的功能，而韦伯本质上就是一个实证主义者。然而，韦伯严格区分了科学知识和价值，并且他不相信实验科学能自己解决社会对立问题和政治问题。但是，下述做法倒是和实证主义如出一辙，即把无法理解的"价值"降格为"事实"，把精神维度的内容表现为一种物化后的特殊商品或者文化产品。独立的哲学思想，尽管是批判性的和否定性的，应该超出价值的概念，也应该超出事实的绝对效用的观念。

实证主义者仅仅表面上逃脱了"勇气的不足"。他们自称是有信心的。他们觉得，杜威所说的"组织化的智识"，是唯一能够解决社会稳定问题或者革命问题的动因。这一乐观主义，实际上掩盖了一种比韦伯的悲观主义更严重的政治失败主义，而韦伯几乎不相信社会各阶层的利益可以通过科学来协调。

正如实证主义者所理解的那样，现代科学，从根本上来说指涉的是关于事实的论断，因而从普遍意义上来说也预先假定了生命的物化（reification），尤其是知觉的物化。它把世界看作是事实和物的世界，却并不能够把世界的这种朝向事实和物的转换和社会进程联系起来。"事实"（fact）的概念是一个产品——一个社会异化的产品。在此之中，抽象的交换对象被构想成一种模型，一种在特定范围内的、所有的经验对象的模型。批判反思的任务不仅仅是去理解历史发展中的不同事实——并且即便此种事实，其含义远比实证主义的教条哲学所梦想的内容更加广阔，这其中差距是不可估量的——更加要在"事实"这个概念的发展中，因而也就是在其相对性之中洞察这个概念自身。实证主义者倾向于将量化手段认为是仅有的科学手段，而量化手段所认定的所谓事实，经常是一种表面现象，它经常是遮蔽而非揭示潜在的现实。如果说，如果概念所效忠的真理典范在其内部就预先假定了一种不能被思想接受为终极事物的社会进程，那这个概念就不能被接受为一种衡量真理的尺度。在起源与事物之间的机械的裂痕是教条思想的盲点之一，而哲学如果不将现实的成形形式错认为现实的一种律法，其最为重要的任务之一就是要弥合这样的裂痕。

实证主义通过其对科学之认知的一种认同感，将智识限制为诸种对材料组织而言不可或缺的功能，这一材料组织是根据非常商业的文化而造就，而智识被要求去批判这种文化。这种限制使得智识成为生产装置的仆从，而非其主人，就像胡克和他的实证主义伙伴所期待的那样。科学的内容、方法和范畴并不凌驾于社会冲突之上，其他类型的冲突，若就其性质而言，人们乐于使其经受与基本价值有关的不受限的实验（只是为了把这些价值厘清），也同样不受科学之凌驾。只有在理想的和谐条件下，科学的权威可以带来进步的历史变化。实证主义者可能非常好地意识到了这一事实，但是，他们并不面对这样一种推论，即科学拥有一种相对的功能，而这样的功能恰是为哲学理论所决定。在对社会实践的判断方面，实证主义者和他们在对理论的蔑视方面，一样过于理想化。如果理论被简化为一种纯粹的工具，那么，所有超越了现实的理论方法在形而上学层面都是无意义的。当现实以同样的方式被扭曲，因而也就被美化，就其内在逻辑来看，现实也就被认为是缺少所有的可能导向"更好现实"的客观特性。

只要社会仍是它本来的样子，去直面理论和实践之间的对立，而非去以一种运转中的"组织化智识"这一概念去遮蔽这一对立，似乎更为有益也更为诚实。这一理想化的、非理性的"实体化"（hypostatization）相比于黑格尔的那些吹毛求疵的批评者所认为的那样，更近于黑格尔所说的"世界精神"（Weltgeist）。他们自身的绝对化的科学被造就得看起来像是真理，但是实际上科学只是真理的一种元素。在实证主义哲学那里，比起"世界精神"，科学拥有更多的某种圣灵的特性，而"世界精神"在德国神秘主义传统之后，显然已经将历史的所有负面因素包含在内。我们并不清楚是否胡克的智识概念意味着一种明确的预言，即紧跟着实验方法之后接踵而至的就是社会和谐，但是已然清楚的是，所谓"价值"层面的对科学检验的信心有赖于一种社会改变层面的唯智主义（intellectualistic）理论。

在实证主义者的道德哲学中，这些18世纪启蒙运动的后继者们实际上转而成了苏格拉底的信徒，而苏格拉底曾教导说知识必然生产德性，就像无知必然意味着邪恶。苏格拉底尝试着把德性从宗教中解放出来。他的理论被英国教士伯拉纠（Pelagius）继承了下来，伯拉纠怀疑，恩典只是道德完美的一个条件，并且坚持认为，教义与律法是它的基础。实证主义者也许不会承认他们的这一源头。在"前-哲学"的层次上，他们当然会赞同一种常见的经验，即博识之人经常犯错。但如果真是这样，为什么还要仅仅通过更为周详的信息就期待哲学中的智识拯救。除非实证主义者和苏格拉底一样，把知识和德性等同起来，或者坚持其他类似的理性主义原则，这样的期待才会说得通。今天，在"观测的预言者"和"不证自明的预言者"之间发生的争论其实是一千五百年前关于"默感之恩典"（gratiainspirationis）的争论的一个弱化版本。①现代的"伯拉纠们"反对新托马斯主义者,就如同他们的先驱反对奥古斯丁一样。

若说是自然主义人类学的不可靠导致实证主义成为一种贫弱的哲学,这是绝无可能的,更大程度上的原因是实证主义缺少对自我的反思,以及没有能力理解自身的伦理学层面和认识论层面上的哲学含义。就是这一点使得它的命题成为一种"万能膏药",虽有人为其奋勇辩护,却徒劳无益,这是因为它的抽象性和原始性所致。新实证主义严格坚持句子之间不可破裂的互相关联性,坚持思想的每个元素完全隶属于科学理论的抽象规则。但是,他们自身的哲学却是建基于一种最无条理的方法之上。他们轻蔑地看待过往的大部分伟大的哲学体系,他们似乎认为,那些体系里包含的长串的系列性的、在经验层面无法验证的思想更加不确定、盲目、无意义,总而言之,就是比他们自己的臆断更加的"形而上学",而他们简单认定自己的臆断是理所当然的,并且以其作为和世界的智识关联的基础。在现代语言的发展中,其中一个很明显的反-智识的、反-人道主义的趋势即是,对于不复杂的、能够简单明了地被组合在一起的词语和句子存在偏好,这一趋势也同样存在于一般意义上的文化生活中。这同样也是前文所说的"勇气的不足"带来的症状之一,而实证主义声称正在与

---

① 在圣·奥古斯丁(Saint Augustinus)的神学中,"恩典(gratia/grace)论"(或称为"恩宠论")占据了一个极为重要的位置,"默感之恩典"(gratia inspirationis)是神之恩典中的一类。此处的"争论"指的是公元5世纪圣·奥古斯丁及其弟子与"伯拉纠主义"(也称"白拉奇主义")之间的争论,"伯拉纠主义"指英国神学家伯拉纠(Pelagius)(约360—430)及其追随者的学说,这一学说虽然承认上帝的存在,但否定人是有原罪的,强调人的自由意志的运用,得救只需遵守道德律,不需要天主恩典的帮助。圣·奥古斯丁与其弟子极力反对这种学说。——译注

这样的症状做斗争。

有一种观点认为，相比于其他的哲学，实证主义原则与"自由"和"公正"观念更具亲和关系，这样的观点，几乎和托马斯主义者的类似声称一样是巨大的谬误。许多现代实证主义的代表人物为这些观念的实现而奋斗。但是，他们对于自由的极大热爱，只是强化了他们对后者的表达载体的敌意，也即对"理论思考"的敌意。他们把唯科学主义等同于人类的利益。但是，一种学说的外部表象，或者甚至是一种学说的论点，很少会提供一种线索，使人看出这种学说在社会中所扮演的角色。德拉古法典（Draco's code）① 给人一种嗜血酷烈的外在印象，对文明来说，却是一种最伟大的力量。与此相反，从十字军到现代殖民，基督教义常常被人与血腥冷酷相联系，反倒与它自身的内容及意涵相悖。如果能意识到任何哲学观念和社会现实之间的矛盾，并且因此像其他最为连贯一致的启蒙者那样——比如曼德维尔和尼采从不轻易认定自己的哲学和无论是进步还是守旧的官方意识形态相互兼容——着重强调他们自身原则的"反-道德"后果，实证主义者确实能够成为更好的哲学家。事实上，对于这样的"和谐"的否定就是他们的核心工作之一。

现代知识分子对社会所犯的罪行很大程度上并不在于他们的漠然离群，而是在于他们为了适应于所谓"常识"的需要而牺牲了思想的矛盾和复杂。经过熟练加工后的 20 世纪的思维方式保留了穴居人对于陌生人的敌意。这一点表现在各种憎恶之中，不

---

① 德拉古法典，公元前 621 年，雅典当局委托司法执政官之一德拉古制定了雅典的第一部成文的法典，史称《德拉古法典》。——译注

仅仅是对于不同肤色或是不同服饰之人的憎恶，更是对于陌生的和非主流的思想的憎恶，甚而至于，就是对于思想自身的憎恶，因为思想会有时紧随真理而出离于由社会既成秩序的要求所划定的边界。今天的思想太过频繁地被迫通过自己对于某些既成群体的有用性而证明自身的合法性，而非通过其中的真理来证明。即便是对苦难和挫折的反抗也可以被发掘为一种在连贯的思想工作中的元素，促成变革的工具性并不是真理的标准。

实证主义的优点体现在把启蒙主义针对神话的斗争带入传统逻辑的神圣领域。但是，就像现代神话学家一样，实证主义可能会因为服务于某个真理目标为人所诟病，而不是因为摈弃这样的目标被诟病。唯心论者通过赋予商业文化一个更高级的意义从而去拔高商业文化。实证主义者通过将这个文化中的原则选用为真理的标准而将这种文化拔高，这种方法和现代流行艺术和流行文学中所采取的做法并无不同，这些流行艺术和文学以同样方式拔高生活——不是通过理想化或者是崇高的阐释，而是通过简单地在画布上、舞台上和屏幕上对其加以重复。新托马斯主义在民主方面做得不够，并非像实证主义者所说的那样，是因为其观念和价值未在普遍情境下得到充分检验，也不是因为新托马斯主义延迟使用了某种"方法，仅仅通过这一方法，就能够理解社会关系，并且因而可以获得指导社会关系的能力"[①]。天主教就因此而闻名。托马斯主义之所以失败是因为它是"半-真理"。它的专业宣传者们总是调整自己，以便适应普遍社会力量的不断变化的需要，而不是在无视教义的有用性的同时使其得以发展。在近年

---

① 纳格尔：《恶意的科学哲学》，同前引，第27页。——原注

来，他们又调整自己，以便适应现代威权主义的需要，依靠这一点，尽管其现阶段遭遇挫折，未来还可以依靠其得以保障。托马斯主义的失败的原因在于，其事先即准备好去默许讲究实效的目的，而不在于它缺少可实践性。矛盾的是，当一种学说把排除对立面的孤立原则加以实体化时，它就会使自己倾向于从众主义（conformism）。

就像那些通过提供明确的真理定义和指导原则进而趋于短时间内支配文化场景的观念和体系那样，新托马斯主义和新实证主义把所有的恶都归咎于和他们自身学说相反的学说。这样的指控会根据盛行的政治形势而变化。在 19 世纪，比如自然主义者欧内斯特·海克尔（Ernst Haeckel）指控基督教哲学以超自然主义的毒药弱化了国家风纪，而基督教哲学则以同样的谴责方式回敬自然主义。今日在这个国家的相对立的学派则互相谴责对方销蚀了民主精神。他们尝试以一种可疑的、涉足历史领域的方式去支撑他们各自的论断。当然，对托马斯主义来说做到公平公正很困难，因为只要压迫者愿意拥抱教会，托马斯主义很少不会助纣为虐，而另一方面，托马斯主义又自称是自由的倡导者。

杜威暗指宗教有关达尔文主义立场是守旧的，但这并没有真的阐明全部的情况。这样的生物学理论中所表述的"进步"概念需要大量的详尽阐释，而可能不久之前实证主义者还加入托马斯主义者之中，一起去批评这一概念。在西方文明的历史上，有很多次，天主教会及其伟大的教师们帮助科学把自身从迷信和骗术中解放出来。杜威似乎认为，正是持宗教信仰的那些人反对科学精神。这是一个错综复杂的问题。但是，在这样的关联中，当杜威援引"观念史专学"（the historian of ideas）① 时，这些史学家们应该提醒他，没有教会，欧洲科学的兴起毕竟是不可想象的。教会的神父们持续地和所有类型的"勇气的不足"做斗争，诸如占星术、神秘学和招魂术，结果是，我们时代的一些实证主义哲学家受它们影响，相比于受特尔图良（Tertullian）、希波吕忒斯（Hippolytus）或者圣奥古斯丁（St. Augustine）的影响更多。

教会或是和进步力量站在一起，又或是和守旧力量结盟，依照这样的变化，天主教会和科学的关系也会发生变化。当西班牙宗教裁判所（Spanish Inquisition）帮助腐化的法庭去压制明智的经济或者社会改革，一些教皇却发展和世界各地的人文主义运动之间的关系。伽利略的敌人们很难去摧毁他和乌尔班八世（Urban Ⅷ）之间的友谊，而他们最终能够成功未必是因为伽利略的科学观点，更加可以归结于伽利略开始涉及神学和认识论的领域。博韦樊尚（Vincent of Beauvais），中世纪最伟大的百科全书作者，把地球称为宇宙中的一个点。乌尔班自己把哥白尼的理论视为是一个有价值的假设。教会所恐惧的并不是自然科学自身。和科学达成协商一致是极有可能的。在伽利略这件审判案中，教会所怀疑的是哥白尼和伽利略所提供的证据，因此，它至少可以自称，这起审判案是基于对"合理性"（rationality）的维护和对草率结论的反对。当然在对伽利略定罪的过程中诡计确实扮演了一个重要的角色。但是，某一位"魔鬼辩护士"（*advocatus diaboli*）完全可以说，一些主教不愿意去接受伽利略的理论完全是因为他们怀疑其理论是伪科学的，就像是占星术或者今天的种族理论

---

① 杜威：《绝境中的反自然主义》，同前引，第 31 页。——原注

一样。就像是《旧约》或《新约》中所包含的那样，天主教思想家所支持的是一种人与自然的理论，而不是任何一种经验论或是怀疑论。这一学说提供了一种保护方式以对抗"科学"或其他幌子下的迷信，它本可能阻止教会去和那些坚称自己亲睹巫术的残暴群氓进行妥协。它并不需要去像那些宣称"人民总是正确的"，并且常常以此原则破坏民主制度的煽动型政治家那样，向大多数人屈服。然而，它处决女巫的火刑，以及那些留在它名下的血迹，并不能证明它是反科学的。如果威廉·詹姆士（William James）和席勒（F.C.S. Schiller）都能够把魔鬼搞错，那么教会也就可能把女巫搞错。火刑所揭示的是它对于自己信仰的隐含怀疑。教会刑罚的施刑者常常给出一些可以证明良心之不安的证据，因为他们会苦恼地抱怨，当一个人在火刑架上被炙烤时，没有血流出来。

托马斯主义的最大缺陷不仅仅在它的现代版本中体现出来。这可以追溯到托马斯·阿奎那本人，甚至可以追溯到亚里士多德。它的缺陷体现在把真理、德性和现实相混同。实证主义者和托马斯主义者似乎都觉得人类调整自己去适应他们所谓的现实，可以带领大家走出今日的僵局。对于这种从众主义（conformism）进行批判性分析或许能有助于显示两种学派思想的共同根基：二者都将某种秩序接受为一种行为模式，"失败"或者"成功"——无论其指向此世还是来世——在这种秩序中充当不可或缺的部分。调整人类自身以便适应被理论所认为是"现实"的事物，这样的一种值得怀疑的原则，可以说，就是今天的智识衰微的根本原因之一。在我们的时代，存在着这样一种忙乱的渴望，亦即人们不得不调整自己，去适应那种有权成为某种无论是"事实"还是"理性存在"(ens rationale)，这一渴望已经带来了一种"非理性的合理性"状态（a state of irrational rationality）。在这样一种"形式化理性"(formalized reason) 的时代，一种学说如此迅速地趋附另一个学说，以至于每一种学说都被认为只是另一种意识形态，但每一种学说又成为一种压制和歧视的临时理由。

曾有一段时间，人道主义梦想通过将一个关乎目的地的共同理解给予人类，去使人类联合起来。它认为，它能够通过对当代实践的理论批判，这一批判会进而转向正确的政治活动，带来一个好的社会。这似乎已经成为一种幻想。今天，言语被认为是行动的蓝图。人们认为，哲学是存在的仆役，而存在的需求应该通过哲学来强化。这一想法是实证主义和新托马斯主义的共同观念，但这一想法很大程度上只是一种幻想。实证主义的命令是顺从于事实与常识，而不是顺从于乌托邦观念，这一命令并没有多大程度上不同于那种要求顺从于宗教机构阐释的现实的召唤，而这种"现实"说到底也就是"事实"。每一个阵营毫无疑问通过一种使真理变得排它从而使其扭曲的方式阐释真理。实证主义批判教条主义，进而至于以"批判本身即是意义"的名义去废除真理的原则。新托马斯主义所一直坚定拥护的原则是，真理实际上转向它的对立面。两种学派从性格特征来说都是"他律"的。其中一个趋向于去用简化方法论的自动运作去取代自律理性，另一个则是通过某个教条的权威去取代自律理性。

第三章　自然的反叛

　　如果理性被宣判为不具备能力去决断生活的终极目的，还必须让自己满足于将遭遇的一切都简化为一种纯粹工具，那么它唯一剩下的目标也就只是简单延续其协调活动。这样的活动曾经一度被归于自治的"主体"的名下。但是，主体化进程已经影响了所有的哲学门类：虽然它还没有将这些门类相对化，并保存在一种结构更佳的思想统一体之中，但是已经将其简化为等待编目的"事实状况"。这一点对主体的类别来说也同样适用。自康德时代以来，辩证哲学已经尝试去维护批判性的先验论（transcendentalism）遗产，其中首要的原则是，我们用以理解这个世界的根本特性和类别取决于主体因素。在定义客体的每一步中，都必须呈现出某种任务意识，即意识到有必要将概念回溯至其主观根源。这一点适用于基本的观念，诸如事实、事件、物体、对象、自然，也同样适用于心理关系或者社会关系。从康德时代以来，唯心论从来没有忘记这一批判哲学的要求。即便是唯灵论学派（spiritualistic school）的新黑格尔主义者也认为自我是"我们所拥有的经验的最高形式，但是……并不是真正的形式"①。因为"主体"的观念本身就是一个孤立的概念，必须被哲学思想相对化。但是，杜威有时候也会同意布拉德利的看法，把经验提高到形而上学中的最高位置，并且宣称"经验的自我或者经验主体是事件的进程中不可或缺的部分"②。根据他的说法，"有机体——自我、行动的主体——是内在于经验的一种因素"③。他物化了主体。但是，全部"自然"越是被看作是"一团相当杂乱的混合之物"④（这里所谓"杂乱"无疑是因为自然的结构并不符合人类的使用习惯）——被视为处于和人类主体之关系中的纯粹客体，曾被认为是自治的主体就越是被掏空内容，直到成为一种单纯的名目，而没有任何可命名之物。每一个关乎存在的领域完全被转换成手段的领域，就导致了被视为手段使用者的主体的毁灭。这赋予了现代工业社会一种虚无主义的面向。主观化拔高了主体，也把主体送入深渊。

---

① 布拉德利（F. H. Bradley），《表象与实在》(*Appearance and Reality*)，牛津（Oxford）版，1930年，第103页。——原注［布拉德利，亦译为布拉德雷（F.H. Bradley, 1846—1924），英国唯心主义哲学家，代表作有《表象与实在》等。——译注］

② 约翰·杜威（John Dewey），《创造性的智识》(*Creative Intelligence*)，纽约（New York）版，1917年，第59页。——原注

③《杜威的哲学》(*The Philosophy of John Dewey*)，埃文斯顿与芝加哥（Evanston and Chicago）版，1939年，见保罗·席尔普（Paul Arthur Schilpp）编：《在世哲学家图书馆》(*The Library of Living Philosophers*)，第一卷，第532页。——原注

④ 哈里·卡斯特洛（Harry Todd Costello），"弗雷德里克·伍德布里奇的自然主义"(The Naturalism of Frederick Woodbridge)，见《自然主义与人类精神》(*Naturalism and the Human Spirit*)，第299页。——原注

在这样的解放的进程中，人类和他所处世界的其余部分共担同样的命运。对自然的统治涉及对人的支配。每一个主体不得不参与对外部自然（external nature）——包括人类和非人类的事物——的征服，但是为了做到这一点，他还必须征服他自己的"内部自然"（internal nature）。统治为了统治的缘故而被"内化"。人们通常所指的"目标"——比如个人快乐、健康与财富——仅仅是从它的实用层面的潜能中才能获取自身的意义。这些词为知识生产和物质生产划定了有利的条件。因此，工业社会中个体的克己并没有超越工业社会的目标。这样的克己带来了一种关乎"手段"的"合理性"（rationality），但在关乎"人类存在"方面，则带来"非合理性"（irrationality）。社会和它的种种制度就带有了这样相差迥异的烙印，这一点与个体自身一样。此种对自然的征服，无论其是在人之内部还是人之外部，在其行进之中并不带有一种有意义的动机，因而"自然"（nature）并不是真正被超越了或者被调和了，而只是被压抑了。

从这种压抑"自然"之中发生的抵抗和反对，以一种社会叛乱的形式（比如16世纪的自发性的农民起义或者我们那个时代的精心策划的种族暴乱），或者以个人犯罪和精神错乱的形式，从文明起初就一直困扰着人类社会。在今天我们的时代比较典型的是通过文明的主导性的力量操纵这一反叛，把反叛运用为一种手段去固化某种特定环境（是这一环境煽动了反叛，也引导了反叛的方向）。作为一种被"合理化"的非理性，文明将"自然"的反叛整合为另一种手段或者工具。

这里是为了简要讨论一下这一机制的某些方面，比如：人在一种以自我保存为目的的文化中的处境；通过发展抽象主体，即自我，来内化统治；通过支配原则的辩证反转，人使自己成为那个他所征服的自然的工具；受压抑的模仿冲动，即被最为激进的社会统治体系所利用的一种毁灭性力量。在众多预示着统治与反叛的相互关联的思想趋势中，达尔文主义将会被作为一个范例来讨论，不是因为人们缺少更多的典范的哲学去阐释人统治"自然"或屈服于"自然"的特性，而是因为，达尔文主义是大众启蒙的里程碑之一，而它以一种不容争议的逻辑指引着到达当前文化状况的道路。

文明中的一个因素可能会被描述成逐渐将自然选择替代为理性行动。生存，或者说成功，取决于个人在多大程度上适应了社会所带给他或者施加给他的压力。为了生存，人把自己转换成一种装置，可以在每一刻对构成他的生活的困扰和困难的情形作出恰当的反应。每个人都必须做好准备去面对任何一种情形。毫无疑问这不仅仅是现代时期才典型存在的特征。在整个人类历史的进程中它都起着作用。但是，随着物质生产手段的变化，人类的智识和心理的资源也发生着变化。17世纪的荷兰农民、工匠的生活，或者18世纪商店店主的生活，当然远远没有今天的一个工人的生活那样得到保障。但是，工业化兴起，在它的列车之上，已经带来了性质全新的现象。调整的进程现在已经是经过深思熟虑，并且因而是总体性的。

就像今天所有的生活都不断地趋向屈服于理性化和计划，每个个体的生活现在都必须把理性化的需要考虑在内，包括曾构成他私人领域的那些最深藏的冲动也是如此：个体的自我保存的前提条件是他调整自己适应系统保存的需要。他不再有可以逃离这个系统的空间。并且，当合理化的进程不再是市场的匿名力量的结果，而是在计划中的少数群体的意识之中被决定下来后，主体中的大多数必须有意地调整他们自身：也就是说，按照实用主义语汇所定义的那样，必须把所有的精力投入其中，从而"存在于事物的运动中，以及成为事物运动的一部分"[1]。从前，现实被置于与理想相反或相对的位置，而理想是被所谓自治的个体所发展出来的；现实曾被认为应按照这一理想来塑造。今天，这样的意识形态就为进步主义的论调所折中，所忽略，不知不觉间促成了现实的地位拔升，提升到了理想的地位。"调整"就成为任何一种可以想见的主观行为的模式的标准。主观的、形式化的理性的胜利也同样是对主体具有绝对性、压倒性的现实的胜利。

生产的当代模式需要相比以往多得多的灵活性。在实践层面，各行各业所需的更大的主动性呼唤更强的能应对变化情形的适应能力。如果一个中世纪的工匠能够选择另一门手艺，他的转变将会比今天某个人成功转变为机修工、营业员以及保险公司主管更为彻底。技术进程的前所未有的统一性使得人们能够更为容易地改变职业。但是，虽然从一种活动切换到另一种活动更为容易，这并不意味着有更多的时间留给人们去思考或者从固有模式中偏离出来。我们发明出越多的装置去统治自然，就越发必须为了生存而为这些装置服务。

人类已经越发更少地依赖于绝对的行为标准，以及普世道德理念。他被认为是如此完全自由，以至于除了他自己的标准之外他不需要任何其他标准。具有讽刺意味的是，这种独立性的增加却导致了与之相应的被动性的增加。从方法层面来说，人类的

---

[1] 杜威（Dewey）：《创造性的智识》（*Creative Intelligence*）（译者——原文未注明页码）。——原注

算计变得越发精明了，但是，他在目的层面的选择曾几何时与他对某种客观真理的信念相关联，现在却变得愚蠢了：个人，当他摆脱了所有的神话的残余（包括客观理性的神话）时，他便自动地根据普遍的适应的模式去自动作出反应。经济和社会力量取代了盲目的自然力量的角色，以至于人类为了保存自己，必须调整自己去适应这种力量以便获得支配地位。作为这个过程的最终结果，我们一方面拥有了自身，拥了一种抽象自我，这种抽象自我被掏空了所有其他实质，仅仅剩下把天上地下的万物都转换成保存自我之手段的意图，另一方面，我们拥有的是被降格为纯粹材料、有待支配的简单物品的空洞自然，在这样的支配之外，我们别无其他目的。

对于一般人来说，自我保存已经依赖于他的反应速度。理性本身变得和这种调整能力相等同。看起来今天的人已经比他的祖先拥有更加自由的选择权，并且在某种程度上确实如此。他的自由度已经伴随着生产性潜能的增长取得了大幅扩增。就数量层面来说，一个现代工人所拥有的消费品的选择面比旧制度下一个贵族的选择面要广得多。这一历史发展的重要性是不可被低估的。但是，在像那些流水线生产的狂热爱好者把这种选择多样化阐释为一种自由度的增加那样，我们必须考虑到和这种增加密不可分的压力，以及和这种新型选择相伴随的质的变化。这种压力体现在现代社会条件施加于每个人的一种持续性的强迫。一个旧式的工匠选择适当的工具进行精细工作，而今天的工人必须快速决定他必须拉动哪个杠杆或者开关，这二者间的区别也许可以说明其中的变化。骑乘一匹马和驾驶一辆汽车这二者间包含了极大的自由程度的差别。尽管在事实上，现代人口中能够用上汽车的比例远远大于旧时能够用上马车的比例，但是汽车更快，更高效，需要的养护更少，并且可能更易于控制。但是，自由的增长带来了一种自由性质的改变。似乎并不是我们在驾驶汽车，而是必须遵守的无数律法、规定和导向在驾驶着汽车。这其中有速度的限制、降速警告、停车警告、限制停车区域的警告，甚至是一些显示前方弯道的图形。我们必须时刻盯着道路，时刻准备好以正确的动作去作出反应。我们的自发性被一种心灵架构取代了，我们对困扰着自己的非个人需求有所警惕，这一心灵架构就强迫我们去抛弃每一种可能会损害我们这一警惕性的情绪或想法。

这个例子所阐释出来的变化延伸到了我们文化的大部分领域。老式商人使用的劝诱手段和现代广告业所使用的手段——炫目的霓虹灯、庞大的布告、震耳欲聋的扬声器，只需要将这二者相比较就已足够。看幼稚的标语口号，没有什么是神圣的，这种口号背后是一种不可见的文本，宣示能够为这种奢侈愚蠢买单的工业企业的权力。这种商业同盟当然有着很高的准入费用和手续费用，以至于新出现的小企业在还没有开始时就已经失败。这一不可见的文本同样宣示着在这些占据支配地位的大公司之间的联接和协议，最终宣示的是一种作为整体的经济装置的集中化权力。

可以说，尽管消费者可以做出选择，但是不管他更喜欢拥有哪个品牌，相比于他付出的金钱，他并没有多得到哪怕一分钱的多余价值。在两个完全等同价格的大众化物品之间的质量差别往往微不足道，就跟两种牌子香烟的尼古丁含量之间的差别一样小。但是，这样的为所谓"科学实验"所证明的差别，往往被千组电灯所照亮的海报，喋喋不休的电台，以及被整版占用的报纸杂志广告，传递到了消费者的大脑中，就好像它代表了一种改变整个世界进程的神启，而不仅仅是一种幻想式的、不造成任何真正差别的微小部分。人们或多或少都能够解读这种权力语言的字里行间。他们理解了，并且调整他们自己。

在纳粹德国，在"民族共同体"（Volksgemeinschaft）的伪装之下，处于竞争中的不同经济帝国形成一种对抗人民的共同阵线，并且放弃了他们的表面上的差异。但是，因为持续受制于各种政治宣传的炮轰，人们已经学会调整自己，被动地适应新的权力关系，使得自己只能具备某种反应，即通过此种反应能够使自己适应经济的、社会的和政治的体制。在德国人学会了放弃政治独立之前，他们已经学会了将政府的形式只看成是另一种他们必须调整自己加以适应的模式，就像他们已经学会调整自己的反应以便适应车间里的机器或者适应道路上的规则。就像上面所说，过去当然也存在调整的必要性，但是，这其中"服从"的节奏是有差别的，这一服从态度的程度也是有差别的，服从态度已经渗透到整个人类存在之中，并且已经改变了所能获取的自由的性质。总而言之，差别在于这一现实，即现代人类屈服于这一进程，它不像是一个对于权威有着天然信任的孩子那样，更像一个放弃了他已获取的个性的成年人。文明的胜利太过完满以至于不真实。因此，我们时代的调整包含了一种怨恨的元素并且压制了一种愤怒。

从理智层面来说，现代人没有他们的 19 世纪的祖先那么伪善，他们的祖先通过一种唯心论的虚伪说辞掩盖了社会的物质实践。今天没有人再相信这样的伪善了。但是这并不是因为浮夸的说辞和现实之间的矛盾被消除了。这种矛盾只是被制度化了。伪善转而成为冷嘲；它甚至从没有期待会被人相信。同样的那些宣传生命中更高事物如艺术、友谊或宗教之类的声音也敦促它的听众选择某一种特定品牌的肥皂。那些教人如何提升演讲、理解音乐和如何被拯救的宣传册都是用同一种风格写出来，都和那些宣传泻药好处的小册子一样。事实上一个专业的广告写手可能都写过任何一种这样的宣传册。在一个劳动分工高度发达的社会，表达只是一种工具，被专业技术人员用来为工业服务。一个想成为写手的人可以去一所学校，学习可从一系列现有情节中编造出文案的多种组合方式。这些方案已经在某种程度上根据其他大众文化的机构的需求，特别是电影工业的需求做出调整。人们写小说是因为在脑中提前想到它被改编成电影的可能性，创作一首诗或者交响乐是因为看到了它的宣传价值。曾几何时，艺术、文学和哲学努力阐释事物的意义、生命的意义，去为无声者发声，去赋予自然一种器官，能够令其遭遇为世界所知，或者我们可以说，去以一种恰如其分的名称来称呼现实。今天，自然之舌已被带离。曾几何时人们认为每一次发声、每一种言语、每一个呼喊或者手势都有其内在意义；今天，它都只是一件发生的事而已。

在一个故事中，男孩仰头望天问道："爸爸，月亮是要给什么做广告呢？"这个故事是对形式化理性的时代，人与自然关系所发生的一切的一种讽喻。一方面，自然已经被剥夺了所有的内在价值和意义，另一方面，人也被剥夺了除了自我保存以外的所有目标。他尝试把所有伸手可及的事物转换成朝向那个目的的手段。除了实用层面的关系，凡是暗示其他层面关系的每一个言辞和句子都是不可靠的。当一个人被要求去赞美某个事物，去尊重某个感觉或者态度，去因为一个人自身的原因去爱那个人时，他就会感伤，并且怀疑是不是有个人在跟他开玩笑，或者是在尝试卖什么东西给他。尽管人们可能不会去问月亮是不是在为什么产品做广告，但是人们还是会倾向于去从一种弹道学或者航空学用处的方式去想象月亮。

整个世界完全被转换成手段的世界而不是目的的世界，这本身就是生产手段的历史发展的产物。物质生产和社会组织变得更为复杂并且被越发物化，对于此种手段的识别就会越发困难，因为它们呈现出自治实体的表象。只要生产的手段是原始的，社会组织的形式就是原始的。波利尼西亚部落的种种制度反映了自然的直接的、压倒性的压力。它们的社会组织是被它们的物质需要所形塑。其中的老人，他们比年轻人体弱，但是他们更有经验，他们制定狩猎、建桥、选择宿营地点以及其他计划，而年轻人必须对此遵从。女性比男性更体弱，她们不出去狩猎，也不会参与重大场合的准备和收获。她们的职责是收集植物和贝类。血腥的魔法仪式部分程度上是为动员年轻人而服务，还有部分程度是为了反复灌输一种对于祭司和长者权力的极力尊崇。

适用于原始人的情况同样也适用于更为文明的社群：人类在其演化的不同阶段所适用的武器或者机器的种类需要特定形式的命令和服从、合作与从属，因而也就有效地促成了一些法律的、艺术和宗教的形式的产生。在其漫长的历史中，人类曾经屡次获得了免于自然直接压力的自由，使得其能够在不必因此直接地、或者间接地计划自身保存的情况下思考自然和现实。这些被亚里士多德称为"理论沉思"的相对独立的思考形式尤其在哲学领域得到了发展。哲学所指向的是一种不为实用计算而服务的洞见，它的旨归是一种在自身内部且只为自身而存在的对于自然的更为深远的理解。

从经济学的角度来看，在一个建立在团体统治基础之上的社会里，思辨思维无疑是一种只有少数免除重体力劳动的人才能承受的奢侈品。知识分子——柏拉图和亚里士多德是他们最早的欧洲代言人——之所以能够存在，之所以能够醉心于思辨之乐趣，是因为存在一种支配体系，而他们尝试在智识层面把自己从这个体系中解放出来。这一悖谬情形的残留物能够在不同的思想体系中被找到。今天——这当然是进步——群众知道这种沉思的自由只有偶尔会出现。它永远是某些群体的特权，这便自动地建立了将这种特权具体化为一种人类美德的意识形态。因此它为实际的意识形态意图服务，歌颂那些免于体力劳动的人。因而这个团体引起了人们的不信任。在我们的时代，知识分子并不能免于施加于他的经济压力，他需要去满足现实的不断变化的需求。结果，关注永恒的沉思就被关注着下一刻的实用智识取代了。"思辨思维"没有丧失其作为一种特权的特征，而是完全被清除了，然而这几乎很难被称为进步。事实上，在这个过程中，自然丧失了其令人敬畏之处，丧失了其"隐秘性质"，但是，自然完全被剥夺了通过人的思想去言说的机会，即便这样的言说是通过特权群体的扭曲后的语言来传达的，"自然"看起来也会采取报复措施。

现代对于"自然"的感觉迟钝事实上是实用态度一个变体，而这种实用态度是作为整体的西方文明的典型特点。这其中的形式存在差别。最早的捕猎者在草原和大山中仅仅前瞻到了更好的狩猎机会。现代的商人则在风景中则看到了大好的展示香烟广告的机会。在我们的世界中，动物的命运已经被印在几年前的一张报纸上的一则消息所象征。这则消息报道说，飞机在非洲降落，往往会被成群的大象和其他的野兽所阻碍。在这里动物往往被视为交通的妨碍者。人类的这样一种主人心态可以追溯到《创世记》的前几章。《圣经》里有极少几条倾向于动物的训词，但是最杰出的宗教思想家保罗、托马斯·阿奎那和路德，都将这些训词阐释为仅仅和人类道德教育相关，绝不是针对人类对其他动物的态度的一种义务。只有人类的灵魂可以得到拯救；动物只有受苦的权利。"一些男人和女人"，一位英国牧师在数年前写道："为了其他人的生活、福利还有幸福而受苦、死去，这一法则在运作之中为人们所见。这个法则的最高例子是耶稣受难（我这样写是带着敬畏之心的）。为什么动物要免除于这个法则或者原则的作用?"[①] 教皇庇乌九世不允许在罗马建立一种预防残忍对待动物的协会，因为就像他所宣称的，神学理论教导人类，人类不对任何动物负有责任。[②] 事实上，"国家社会主义"尽管夸耀自己保护动物，但只是为了更深层次地羞辱那些被他们视为纯粹自然的"劣等种族"。

上文援引这些例子只是为了表明，实用理性并不是什么新鲜的东西。但是，其背后的哲学，亦即当人们持有这样一种观念：理性是人类最高等级的智识官能，它仅仅关注工具，甚而至于理性自身就是一种工具。这一观念被更为清晰地形成、更为广泛地接受是在今天，远甚于以往任何时候。支配原则已经成为万物为之而牺牲的偶像。

人类为征服自然而努力的历史同样也是人类征服"人"的历

---

① 爱德华·维斯特马克（Edward Westermark），《基督教与道德》（Christianity and Morals），纽约（New York）版，1939年，第388页。——原注

② 同上书，第389页。——原注

史。"自我"（ego）概念的发展反映了这样一种双重的历史。

很难去准确描述，西方世界的语言在任何特定时刻所试图表达的"自我"（ego）一词到底意味着什么，这是一个充满各种模糊关联的概念。当"自身"（self）的原则努力在和普遍"自然"斗争、和其他人斗争，去和自己的冲动斗争中求得胜利时，"自我"被认为是和支配、命令及组织的种种功能相联系。"自我"的原则似乎表现在统治者伸展出来的臂膀中，这样的臂膀指导着他的民众前行，或者判定他的罪犯被执行死刑。从精神层面来说，它有一种光束的特性。它在刺破黑暗的同时，还恫吓了偏爱隐藏在阴影中的信念和感觉的幽灵。从历史层面来说，它首先属于一个种姓特权的时代，这种特权的标志是在体力劳动和脑力劳动之间、在征服者和被征服者之间存在的巨大鸿沟。在父权制时代它显然有着自己的统治地位。在母权制的时期它几乎不会扮演一种决定性的角色——如果我们回忆一下巴霍芬①和摩尔根②的著作——当冥府的神祇被人们崇拜的时候。人们也不太可能认为古代的奴隶，或者社会金字塔底端的散漫大众能够具备"自我"或"自身"。

随着时间的推移，一开始建立在蛮力基础上的统治原则获得了一种更为精神性的特质。内在的声音取代了主人的位置去发布命令。当仆从把主人的命令加以升华（主人先于仆从而自我规训），也就是使这一命令内在化后，西方文明的历史能够以"自

---

① 巴霍芬，即（Johann Jackob Bachofen，1815—1887），瑞士法学家和人类学家，著有《母权论》。——译注

② 摩尔根，即（Lewis Henry Morgan，1818—1881），美国人类学家和社会理论家，著有《古代社会》《人类家庭的亲属制度》等。——译注

我"的增长这样的形式来加以书写。从这个观点来看，也许可以这样描述，就是领导者和精英在各种日常生活的交流中实现了连贯性和逻辑联系。他们将连续性、规则性甚至是统一性强加于生产过程（尽管这一过程最初是原始的）。每个主体内部的"自我"成为领导者的外化体现。它在不同的人的各种经验之间建立了一种理性的联系。正如领导者将他的民众如同步兵和骑兵一样群集起来，正如领导者勾画未来，"自我"也以类别或者物种来将经验分类，并且规划个体的生活。法国社会学 ① 已经教导我们，原始的一般概念中的等级排列反映了部落的组织结构及其施加于个人的权力。它已经表明，整个逻辑秩序、根据先与后及优与劣而定的概念排序，以及对相关领域和边界的划定，都反映了社会关系和劳动分工。

"自我"的概念从来没有能够摆脱它在社会支配体系中的起源缺陷。即便是笛卡尔的"自我"学说这种理想化版本也会暗示一种强制。伽桑迪（Gassendi）反对《沉思录》，他嘲笑的是后者的"小精灵"的概念，也即"自我"(ego) 概念，而"自我"从大脑中完美隐藏的庇护所——"大脑中隐藏的堡垒"(arcem in the cerebro tenens) ②——或者可能如心理学家所说是从大脑中的"接收-发送"站，去编辑感官所报送的一切，并且发送它的命令到身体的各个不同部分。

跟随笛卡尔的努力去为这个"自我"寻找一个位置是有启发

---

① 引自涂尔干（Émile Durkheim）：《分类的若干原始形式》(De quelques forms primitives de classification)，《社会学年刊》(L'Année sociologique)，第四卷，第 66 页，1903 年。——原注

② 笛卡尔作品集（Oeuvres de Descartes），巴黎（Paris）版，第七卷，第 269 页。——原注

意义的，这一"自我"不在"自然"之内，但是与"自然"离得足够近，从而可以影响"自然"。它首先关心的是如何支配激情，也就是支配"自然"，这里说"自然"是指它在我们自己内部能使我们感觉到它。"自我"宠爱的是愉快的、健康的情绪，但是，却对任何可能带来悲伤的东西极为严苛。它所关注的中心必然是使得情绪远离偏颇的判断。数学，如水晶般透明，沉着镇静，自足，是形式化理性的经典工具，是这一严格的能动性的运作的最佳典范。"自我"支配"自然"。如果描述"自我"的意图却不从它的无限持续性这一点来说，就是对它这个概念的亵渎。

在笛卡尔的哲学中，"自我"与"自然"的二元性在某种程度上被他的传统的天主教思想弱化了。理性主义的发展，以及随后的主观唯心论的发展，越发倾向于去通过尝试将"自然"的概念融入被视为超验的"自我"概念中，并最终将所有的经验内容融入，以调和此种二元性。但是，这一趋势越是发展得极端，原先的、更初始的理论影响反而越大，并且因为这个原因，在"自我"自己的领域中，笛卡尔的实体学说的二元性不再那么不可调和。这其中最为惊人的例子是费希特的"主观-超验"哲学。根据费希特的早期学说，世界唯一的"存在理由"(raison d'être) 就在于为专横的超验自我提供一种活动的场地。"自然"和"自我"之间的关系是一种专制关系。整个宇宙成为"自我"的一种工具，尽管"自我"除了在它自身无限的活动之外并无实体或者意义。现代的意识形态尽管比一般所认为的远远更近于费希特的思想，却早已切断了这样的形而上学的牵绊而随波逐流。作为无争议主人的抽象"自我"和被剥除了内在意义的"自然"，这二者间存在的对立被一种含混的绝对者（比如进步、成功、快乐或者经验之类的观念）所模糊了。

虽然如此，在今天，"自然"比以往任何时候更被视为是人类的一种纯粹工具。它是总体性开发的目标，这一开发不带有任何理性所设定的目标，因而也就没有边界。人类的无限的帝国主义从未被满足。相比于其他动物代表生物发展最高形式的那些自然历史的不同时期，人类对于地球的支配远非前者可以比拟。这些动物的欲望毕竟受它们的生理存在的必要性的限制。人类对于扩展自身权能的渴望体现于对两种无限性的追求，即微观世界和宏观宇宙，这种渴望并不直接从人类自身的天性之中生成，而是从社会结构中生成。就像是帝国主义国家对于世界上其他国家的攻击必须从帝国主义国家内部斗争这个角度去解释，而不是用他们所谓的"国家特征"这样的术语去解释。因而，人类对于除它自身以外的万物的极权式攻击也同样源于人与人之间的关系，而不是来自与生俱来的人类本质。无论是和平时期还是战争时期的人与人之间的争斗，是理解人类这个物种的贪得无厌的关键所在，是理解随其贪婪而来的、人类实践态度的关键所在，此外，自然在人类科学智识之中越发显现出可被最高效开发这一方面，这样的争斗也便是理解这一科学智识的分类和方法的关键所在。这一感知的形式同样也决定了人类在其经济关系和政治关系之中如何看待彼此。人类看待自然的模式反映和决定了人们在心灵之中如何看待人类，以及去除可能会驱动这一进程的最后的客观目标。社会通过"自我"所达成的对于欲望的压抑变得越发不合理，这不仅仅是对于作为整体的人口而言，对每个个人也是如此。"合理性"（rationality）观念越发被强调、越是被承认，人们的思想中有意识、无意识的对于文明的憎恶、对文明在个体、在自我之中的能动性的憎恶就越是强烈。

"自然"在其被压抑的所有阶段，无论是在人类内部和还是外部，如何回应这一对抗？它的反叛具有哪些心理、政治，以及哲学的表现？是否可能通过复归自然、通过复苏传统学说、通过新的神话的构建，消弭这样的冲突？

每个人从他出生开始，就是在体验文明的这一专横霸道的一面。对于孩子来说，父亲的权力是压倒性的、超自然的（就其字面意义而言）。父亲的命令是剔除了自然的理性的一种不可阻挡的精神力。孩子为屈服于这样的力量而痛苦。对一个成人而言，几乎不可能记得所有的他在孩童时期所听从的、所有的来自父亲的数不清的警告，比如不要把舌头伸出来，不要去模仿他人，不要把自己弄得邋遢，或者不要忘了清洗耳朵的背面。在这些命令之中，孩子所面临的是文明的一种基本法则。他不得不抵抗自己冲动的直接压力，区分自己和外在环境，必须高效——简而言之，借用弗洛伊德的术语，去接纳一种体现了父亲及其他类似父亲角色强加于他的所有所谓原则的"超我"。孩子并不能认识到所有这些命令的动机。他遵守这些命令，是因为害怕被批评、被惩罚，是因为害怕丧失他所渴望的父母之爱。但是，在这种屈从之中，不愉悦一直持续着，他发展出了一种对于父亲的敌意，并且最终这种敌意被转换成针对文明的怨恨。

如果这种遵从不是来自个体而是更多地来自群体——比如来自操场上和学校里的其他孩子，那么，这一过程将可能会更加猛烈。他们不争论，他们打架。工业化社会进展到了一个让孩子直接面对集体力量的阶段，在他的心灵居所中话语所扮演的角色会有所减少，由话语而带来的思想所扮演的角色也有所减少。因而，良心，或者超我，分解了。我们就此还必须考虑，向形式化理性的转变带来了母亲态度的变化。各种版本的精神分析启示带给城市人群惊人的好处，与此同时，它也同样是母亲，以及母亲本能的爱——孩子的发展依赖母亲的本能的爱——迈向更为理性、更自觉态度的一大步。母亲被转换成一个护士，她的友爱、她的坚定逐渐成为技术的一部分。尽管使母亲身份成为一种科学让这个社会受益匪浅，但它剥夺了个体的某些影响，而这些影响曾经对社会生活起到约束作用。

对文明的憎恨不仅仅是失去理性地将个人心理困难投射到世界的表现（就如同那些心理学著作中所说的那样），一个青少年意识到，他被期待去压制本能冲动，但这一压制并未得到充分的补偿，比如说，文明以物质保障的名义需要他对性冲动进行升华，却未能如它所宣称的那样，给予他物质上的保障。工业主义越来越倾向于让性关系屈服于社会统治之下。教会通过使婚姻成为一种圣事，在自然和文明之间进行调解，但仍然宽容狂欢节的存在，宽容轻微的色情过度，甚至允许卖淫。在今天的时代，婚姻越发成为一种社会制度认可的标记，像是支付一种男性特权俱乐部的会员费，而女性来为这个俱乐部制定规则。对女性来说，这同样是一种奖励的标记，一种值得争取的奖励，一种被批准的安全奖励。一个女生，如果她违背了传统，没有人会因为她失去此世和来世的赌注而同情她，或谴责她，她只是没有充分实现她的这些机会。她是愚蠢的，而不是悲剧的。侧重点完全转移到了是否有利于使婚姻成为社会机制中的一种服从性工具。强有力的机构监管着它的运作，娱乐工业也投入其中并成为它的广告代理。整个社会完全忙碌于去消除卖淫这样的使爱成为交易的小范围地下生计，本能生命却在各个方面都越发适应商业文化的精神。这一趋势所带来的挫折根植于文明的进程之中。这一挫折必须从"种系发展"的角度，而不仅仅是从"个体发展"的角度去理解，因为从某种程度上来说，心理"情结"再现了文明的原初历史。事实是在现阶段的文明中这些原始的进程正在重现。在这个更高的层次上，冲突围绕着某种典范而进行，正是为了这个典范，"压制"被强化了。让青少年充满痛苦的是，他模糊认识到理性、自我、统治及自然的"紧密联结"或者"接近一致"。一方面是他被教导的那些理想和人们在他内心激发的那些期待，另一方面是他被迫去屈从的现实原则，他感受到了这二者间的鸿沟。他随之而生的反叛所针对的正是这样的环境：虔敬、远离自然、无限优越的氛围掩盖了更强大者和更智慧者的统治。

　　如果有人发现了这一点，那么，两种重要元素的其中之一可能就会附加于他的个人特质之上：或是抵抗，或是顺从。抵抗的个人会反对任何试图调和真理之需要和存在之不合理性这二者的实用主义意图，与其牺牲真理，屈从于盛行的标准，他更愿意坚持尽他所能最大程度地表达真理，无论是就理论而言还是就实践而言。他的生命将会成为充满冲突的生命。他将会承担彻底孤独的风险。非理性的敌意可能会使它倾向于将内在的困难投射于这个世界，但这敌意被一种激情所克服，这种激情志在实现在他孩子般想象中父亲所代表的内容，也就是实现"真实"。这样一种类型的青年——如果这算是一种类型的话——认真对待他所得的教诲。至少在内化过程中，他成功反对了外在的权威，以及对抗对所谓现实的盲目崇拜。他从不惮于使真实和现实持续遭逢，也不惮于揭示理想与现状的对抗。他的批判自身，无论是就理论还是实践而言，是对儿时所持积极信仰的一种否定性重申。

另一种元素，顺从，是多数人被迫采纳的。尽管大多数人从未摆脱责怪世界给他们带来的困难的习惯，但太过软弱以至于无法在现实面前抵抗到底的人们还是没有选择，他们只能抹除自身，将自己和现实同一化。他们从未合理地与文明和解。相反，他们向文明屈膝，无论如何耸肩，他们仍秘密地接受了理性与支配的同一，文明与理想的同一。见多识广的玩世不恭只是另一种模式的顺从。这些人意在拥抱，或者说强迫自己接受作为永恒规范的更强者的统治。他们的生命就是持续地向内或者向外压制自然，贬低自然，或者是使自己认同更强大的代理者——种族、祖国、领袖、派系，以及传统。对他们来说，所有的这些话语只意味着同样的事情——必须被尊崇、必须被遵守的不可阻挡的现实。然而，他们自己的"自然冲动"、那些与文明的各种要求相对立的冲动，在他们内心以一种迂回的、隐秘的方式存在。用精神分析的术语来说，可以说那些屈从的个人的"无意识"被固定了，固定在反叛其真实父母这一层次上。这一反叛根据社会或者个人的条件表现为官僚式的顺从或者犯罪。抵抗的个人则是对他的"超我"保持忠诚，也就是在某种意义上对他的父亲形象保持忠诚。但是，一个人对这个世界的抵抗不能仅仅简单被归因于他与父母之间的未解决的冲突。恰恰相反，只有那些已经超越这一冲突的人才能抵抗。他这一态度的真正原因是，他意识到现实是"非-真实的"，他之所以有这个意识，是因为他将他的父母和他们所声称代表的理想之间做了比较。

因为现代经济生活，父母角色转变，他们的教育功能不断被转向学校和社会团体，很大程度上解释了，为什么对盛行的社会趋势的抵抗正在逐渐消失。但是，为了理解在近期的历史中扮演某种主要角色的大众心理分析现象，需要对某种特定的心理分析机制给予关注。

现代作家告诉我们，孩童的模仿冲动，以及他对模仿每个人和每个东西的坚持（包括他的感觉在内），是一种学习的方式，特别是，个人发展的早期阶段，以及他的几乎全部"无意识"阶段决定了他的个人最终特征、他的反应模式、他的一般行为模式。整个身体是一种模仿表达的器官。正是通过这样一种能力，一个人才能获得他的特定的笑和哭的方式、他说话和判断的方式。只有在孩童期的较晚阶段，这样的一种无意识的模仿才附属于有意识的模仿和合理的学习手段。这也就解释了，为什么一个所谓族群的诸如手势、声音的语调、易怒的程度和种类、步态——总而言之据称是"自然"的这些特征——看起来能通过血统延续下来，即便是造就这些特征的种种环境原因已经消失了很久。一个成功的犹太商人的反应和手势有的时候反映了他的祖先在生存中所面临的焦虑。因为个体的习惯更少地来自理性教育，而更多的是源自模仿传统的原始遗存。

在当前的危机中，模仿的问题特别紧急。文明开始于人的生来就有的模仿冲动，但也必须最终超越并且重新评估这样的"模仿冲动"。作为一种整体的文化进展以及个人教育，也即是说文明的"种系发展"的和"个体发展"的进程，很大程度上体现在将模仿的态度转变为理性的态度。就像原始人必须了解，以合适的方式去安排土壤，相比于去摆弄魔法，能够带来更好的作物收获，现代的孩童也必须学会去抑制他的模仿冲动，将其导向一个明确目标。有意识的调整和最终的支配取代了各种形式的模仿。

科学的进展正是这一变化的理论体现：公式取代了图像，计算的机器取代了仪式化的舞蹈。调整自己意味着因为自我保护的原因去让自己喜欢客体对象的世界。这一有意为之的（而非反射性的）自我塑造使其喜爱环境，这是文明一个普遍原则。

犹太教和基督教正是通过在过去的种种努力，努力赋予意义于对原始冲动的驾驭，将盲目的顺从转换成理解和希望。他们通过"永恒灵魂"和"个人至福"的弥赛亚学说来达到这一目的。欧洲的哲学学说尝试通过批判性思维来发展这一宗教遗产，甚而至于其中持否定趋向、美学趋向的那些学说也通过拒绝中立化宗教作为一个独立领域的限制，以此来使这些思想保持活力。伟大的革命、哲学的继承者很大程度上将大众的绝对信念转化到了政治领域。然而，现代时期的民族主义显然已不能在大众之中激起宗教曾给予的那样一种至关重要的信仰。尽管法国人一次又一次地愿意为他们的祖国、为他们的帝王而死，他们发现，在那位著名帝王的改革中他们几乎很难找到支撑他们活下去的希望所在。拿破仑主导的天主教复兴表明，如果没有超验层面的慰藉，他的政治和社会规划将"自然冲动"强加于大众，而这种冲动带来的痛苦压迫令大众无法忍受。现代俄国激起的也是类似的反应。

如果弃绝"模仿冲动"不能保证实现人的潜能，这样的冲动就会永远处于等待之中，时刻准备着作为一种毁灭性力量在将来爆发。这就是说，如果在"现状"（status quo）之外没有其他规范，如果理性所提供的所有幸福希望就是由它来保持现状，甚至增加其压力，那么模仿冲动永远不会真正地被克服。人类会以一种倒退的、扭曲的形式返回这一冲动之中。就像那些假正经的色情影片的审查者，他们带着憎恶与蔑视使自己沉溺于被禁忌的冲动之中。被统治的大众很容易将自己和专制机构等同起来。事实上，只有在这个机构的业务之中，他们才能自由放纵自身迫切的模仿冲动和表达需要。他们应对压力的方式就是模仿——一种不可遏制的压迫的欲望。这一欲望又反过来被用来维持制造它的系统。从这一方面来说，除了在受害者的选择上有所不同，现代人和他的中世纪祖先并没有很大区别。政治上的弃儿、如德国的"《圣经》研究者"（Bibelforscher）那样的古怪的宗教教派、"阻特服穿着者"（zoot-suiters）已经取代了女巫、巫师和异教徒的位置，此外还有犹太人也是如此。德国任何一个参加过"国家社会党"会议的人都知道，演讲者和听众最大的兴奋点在于，可以把他们被压抑的"模仿冲动"公开表现出来，即便只是在嘲弄和攻击那些被指控无礼炫耀自己模仿习惯的"种族敌人"时，也是如此。这种会议的最高潮就是在演讲者去模仿一个犹太人的时刻。他模仿的是他乐见于被毁灭的那些人。他的模仿激起喧闹的狂欢，因为一种被禁止的自然冲动又被许可了，不用害怕被斥责，这一冲动从而得以以此来确认自身。

　　没有人比雨果在《笑面人》（*L'Homme qui rit*）中更为巧妙地刻画了狂欢、暴怒和模仿之间的人类学相似性。小说中的上议院这个场景中，笑声战胜了真理，这个场景就是一个绝妙的社会心理学讲座。"人类的风暴比海洋的风暴更可怕"正是这一章节的标题。对雨果来说，笑总是包含一种残忍的元素。公众的笑则是一种疯狂的狂欢。在我们这个"力量生于欢愉"的时代，有一些作家远远地将那些上院议员扔在了身后。麦克斯·伊斯特曼（Max Eastman）为狂欢辩护，认为这是一种原则。在说到"绝对者"（the absolute）这个概念时，他宣称："我们的一个重要美德就是，当我们听到别人说一些类似‘绝对者’的东西时，我们倾向于去笑。笑在我们之中扮演的角色就跟‘绝对者’在德国扮演的角色类似。"在 18 世纪，哲学嘲笑那些"大词汇"(big words)，发出了一种令人振奋的、勇猛无畏的强音，这是一种解放的力量。这些"大词汇"是专制的标志。讥笑它们会遭遇刑讯和死亡的风险。在 20 世纪，嘲笑的对象不再是顺从的群众，而是那些仍然在尝试独立思考的"怪人"。① 这种滑向反智的智识趋势体现了今天的一种文学走向，像查尔斯·毕尔德（Charles Beard）带有赞许的语气去引用伊斯特曼就是证明。② 然而，和这些作家看上去所暗示的不同的是，这样的趋势远不是民族精神的典型特征。打开爱默生（Emerson）文集的第一卷，我们看到某种伊斯特曼可能会称之为"来自‘绝对者’的入侵"的内容："当我们看到被揭示出来的正义和真理的特性时，我们就了解了在‘绝对者’和‘有条件者’、‘相对者’之间的区别。我们领会绝对者。就好像第一次‘我们存在’（we exist）一样。"③ 这一动机成为一种指导性的观念，贯穿在爱默生的所有作品中。

恶意使用模仿冲动解释了现代煽动型政客的某些特征。他们经常被描述为拙劣演员。人们可能会想到戈培尔。他的外表就是对他曾推动清算的犹太商人的漫画式模仿。墨索里尼则让人想

---

① 关于历史上怀疑主义的不同的功能，参见霍克海默，《蒙田与怀疑主义的功能》(Montaigne und die Funktion der Skepsis，英文摘要，"蒙田与怀疑主义的角色转变"），《社会研究杂志》(zeitschrift für sozialforschung)，第七卷，1938 年，第 1 页。——原注

② 查尔斯·彼尔德（Charles Beard）：《美国精神》(The American Spirit)，纽约(New York) 版，1942 年，第 664 页。——原注

③ 爱默生：同前引，第 1 卷，第 57 页。——原注

起某个外省的傲慢无礼的自大狂，或者是某个歌喜剧中的卫队士官长。希特勒的全部技巧就像是从卓别林那里偷来的。他的生硬的、夸张的手势让人联想起卓别林在早期的滑稽剧中对于强人的漫画式表现。现代的煽动型政客经常表现得像是经常被父母、老师或者其他文明中介训斥或者打压的无教养的男孩。他们在观众中引起的效果部分要源自这一事实：通过把被压抑的冲动表演出来，他们似乎正在公然违抗文明，其所提倡的正是一种"自然的反叛"（revolt of nature）。但是，他们的反抗绝无可能是真诚的或是天真的。他们从未忘记自己插科打诨的目的所在。他们一直以来的目的就是诱使自然加入压迫的力量之中，从而使自然本身也被粉碎。

西方文明从未能够在被压迫的大众中建立起坚实的基础。事实上，近期的一些事件表明，每当危机发生时，文化几乎很难指望那些自封的信徒们去站出来捍卫其理念。就像那些主要的宗教和哲学体系一直以来所做的，对一个能够区分真理（truth）与现实（reality）人来说，有成千上万的人从未能够克服回归至模仿冲动和其他原始冲动的趋势。这不单单是大众的错误：对人类中的多数来说，文明意味着成长至成人状态和负起责任的压力，并且也意味着贫困。人类为技术统治的胜利而付出代价，其所带来的破坏效应即便是统治者也未能幸免。占据压倒性优势的大多数人是没有"个性"的。试图唤起他们的内在尊严或者他们蛰伏的潜能将会引起他们的怀疑，事实也确实如此，因为这样的言辞已经成为纯粹的话语，而这些话语正是他们被认为保持屈从的原因。但他们正当合理的怀疑态度随后就会伴随着一种根深蒂固的趋势，此即残忍地、怀恨在心地对待自己的"内在自然"，以及像他们无情的统治者支配他们那样去支配这一"内在自然"。他们放纵这一"内在自然",他们的行为就像是成为领主的奴隶的荒淫行径一样乖戾与可怖。权力是他们唯一尊重的东西,因而他们也寻求仿效。

这也就解释了,为什么民主论述在和极权主义的手段相抗衡的时候,总是悲剧性地无能为力。比如说,在魏玛共和国时期,只要德国人民相信宪法和民主生活方式是由实际权力所支撑,他们似乎就会对这些保持忠诚。但是,一旦共和国的理想和原则开始和象征着更强力的经济力量的利益相冲突,极权主义的政治煽动者就很容易获胜。希特勒通过暗示他能够锻造一种政权,这一政权能以其名义解开"被压抑自然"身上的禁忌,以此鼓动他的听众。基于理性的劝诱相比之下就不会这么有效,因为它不与表面上文明的人们被压抑的原始冲动相契合。民主除非能够通过刺激毁灭性的无意识力量,去致力于让民主的生活方式作出妥协,否则也没有希望可以仿效极权主义的宣传。

如果民主国家的政治宣传主要将近期的世界冲突展现为类似"两个种族之间"的议题,而不是牵扯到理想和政治利益,在很多情况下,它可能更容易在全体国民中激起最强力的战争冲动。但是风险在于,是这些冲动可能最终对西方文明构成致命威胁。在这样的语境下,"另一个种族"这样的词就意味着是"比人更低等的种族,因而只是纯粹的自然"。大众之中的一些人抓住将自己和官方的社会性自我相混同的机会,以此狂热执行了个人自我所不能达成的事——对自然的规训以及对本能的支配。他们从外部与自然交战,而非内部。"超我"(superego)在它自己的"居所"中无能为力,但是成了社会之中的刽子手。这些个体感觉到他们自己是文明的捍卫者，获得了一种满足，与此同时还可以让他们被压制的欲望得到释放。因为他们的狂怒没有克服他们的内在冲突，并且总是存在着大量的其他人可成为练习的对象，这一压抑的例行程序便一次又一次地被重复。因为这一原因，它便趋向一种彻底的毁灭。

"国家社会主义"与"自然的反叛"之间的关系是复杂的。这样的反叛尽管是"真实"的，但因为它包含了一种倒退的元素，它从一开始就很适合用于充当一种反动目的的工具。但是，在今天，伴随着反动目的的是严格的组织化、无情的合理化，以及某种意义上的"进步"。因此，"自然"的反叛相比纳粹暴动并没有更加自发，如后者这般在某个时刻被上层发令或叫停。并不仅仅是统治集团要为发生的暴行负责，很大一部分民众虽然没有积极参与，却也容忍了这些罪行，因而无论这些罪行如何是"自然"发生的，它们仍然是被开启了，并且被按照一种高度理性化的计划付诸行动。在现代法西斯主义之中，"合理性"（rationality）已经抵达的程度已经不单单是要满足于简单地压制自然。它是要利用自然，把自然的反叛性的潜力融合到自身的体系之中。纳粹操纵着德国人民的被压制的欲望。当纳粹和它的工业及军事支持者发起了这样的运动时，他们就不得不争取大众的支持，尽管大众的物质利益和他们的并不一样。他们乞灵于工业发展所抛弃的落后阶层，也就是被大规模生产技术挤至边缘的群众。于此之中，农民、中产手工业者、零售商、家庭主妇、小生产者将会是被压制自然的倡导者，以及工具化理性的牺牲品。没有这些群体的支持，纳粹也不会掌权。

被压制的自然驱力被用于满足纳粹的理性主义的需要。并且，恰恰是他们一开始所主张的种种最终被否定了。为纳粹而集结的小生产者和商人失去了最后残存的独立性，仅仅成为这个政权的小职员。不仅仅是他们的特定的心理上的"自然"被抹除了，而且在他们被理性地协调规划的过程中，他们的物质利益也遭到了损害。他们的生活水平被降低了。同样，针对制度化法律的背叛最终变成了一种无法律状态，成为为权力服务时的一种残忍力量的释放。寓意在这里是很明显的：自我的神化以及自我保存的原则最终走向的顶点是个人的安全无法保障，是个人被彻底否定。很清楚的是，纳粹的针对文明的"自然的反叛"不仅仅是意识形态的虚假外观。在纳粹的体系下，个人性彻底破碎，其所生产出来的是近于原子化的、无政府主义的个人——也即斯宾格勒所命名的"新原始人"(new raw man)。针对理性增长的人类的自然"反叛"——就人群总体中落后阶层的意义上而言——实际上助长了理性的"形式化"，其所服务者更多的是种种束缚而不是自由的"自然"。从这一点来看，我们可以将纳粹主义看成是理性与自然的邪恶综合体——恰恰和哲学一直以来梦寐以求的两极和解相对立。

贯穿历史的每一次所谓的"自然的反叛"都是以这种模式出现。每当"自然"被歌颂为某种至高原则，成为一种对抗沉思、对抗文明的思想武器时，思想就会表现出一种伪善，并且发展出一种不安的良知。因为思想已经很大程度上接受了它所表面对抗的原则。从这一点来看，罗马教廷诗人对于淳朴生活的颂词和德国重工业资本家关于"血与土"的高谈阔论，与其关于健康农民国家的祝福并无多少不同。它们所服务的对象都是帝国主义的宣传。事实上，当纳粹政权开始意识到它自己成为一种"反叛"的这一时刻，它就已经是一种谎言。这一政权是它声称要拒绝的机械文明的仆从，恰恰接管了后者固有的那些压制手段。

在美国，"自然的反叛"问题在本质上和欧洲有所不同，因为相比于一个更为古老的大陆，这里仅把"自然"视为一种精神产物的形而上思索传统要远远更弱。但是，其对于自然的真实统治的倾向却是同等强劲的，并且正是因为这一原因，美国思想的结构也呈现了"统治自然"与"自然的反叛"之间致命的紧密联系。这种联系在达尔文主义中或许最为引人注目，而除了神学遗产外，相比于其他任何单一的智识力量，达尔文主义对美国思想的影响可能都更为深远。实用主义的灵感就来自这一进化和适应理论的启示，其中或是直接来自达尔文本人，或者来自其他一些哲学的中介，特别是斯宾塞。

因为达尔文主义天生对于自然保持谦卑，它可以帮助协调自然与人之间的关系。无论这一理论何时提倡一种谦卑精神（并且它实际上已经在很多场合下都这么做了），它完全优于那些与它相对立的那些学说，并且与上述讨论到的"自我抵抗"元素相吻合。然而，通俗化的达尔文主义在我们这个时代的大众文化和公众伦理中的许多方面并没有表现出这种谦卑。"适者生存"理论不再是一种关乎有机进化的且不以施加道德义务给社会而自居的理论。这一观念不管如何以何种方式被表达出来，都已经成为一种行为和伦理的首要格言。

把达尔文主义列为众多反对理性的"自然反叛"哲学之一可能令人惊讶，因为这个反叛经常与浪漫主义、与那种对于文明的感性不满联系在一起，以及希望回归社会的或人性本性的原始阶段相关。达尔文的学说当然没有这样的多愁善感。它完全没有浪漫主义，它主要隶属于启蒙运动的发展。达尔文与基督教的最为根本的教义决裂了，也就是与"上帝按照自己的形象造人"这一信条决裂。与此同时，他猛烈攻击自亚里士多德到黑格尔以来所盛行的形而上学进化概念。他把进化设想成是一连串无目的的事件，而不是一种依照哲学家们所谓"生命原理"（entelechies）的有机实体的展开。

达尔文本质上是一位自然科学家，而不是一位哲学家。尽管他本人有宗教信仰，但他思想背后的哲学基础明显是实证主义。因此他的名字已然代表了从常识角度的人类对自然的支配观念。人们甚至可以说，"适者生存"的概念不过就是"形式化理性"转译到自然历史领域的另一术语。在通行的达尔文主义那里，理性只是一种器官。精神或思想是自然中的一部分。根据当前对于达尔文的解释，求生存的斗争必然经过一步一步的自然选择，它从不理性之中制造出理性。换句话说，理性一边服务着统治自然的功能，与此同时，被削制成自然的一部分。它不是一种独立的能力，而是某种有机之物，就像是手或者触手，之所以被进化出来是为了适应自然条件并且生存下来，它被证明是掌控这些条件的足够手段，尤其是可以用于获取食物或者躲避危险。作为自然的一部分，理性同时又被设定为自然的对立面——那种除了自己这一生命之外所有其他生命的竞争者和敌人。

因此，所有唯心主义形而上学之中的内在观念——世界某种程度上是思想的产物——被转换成了相反的：思想是世界、是自然过程的一个产物。因此，根据通行的达尔文主义，自然并不需要哲学去为它代言：自然是一种强大的、令人敬畏的神祇，它是统治者而不是被统治的对象。达尔文主义因而成了"反叛的自然"的助手，摧毁了任何把自然看成是理性必须试图认识之真理的神学学说或哲学学说。以一种把理性和自然等同的方式贬低理性，并歌颂原始自然，是一种理性化时代的典型谬误。工具化的主观理性要么将自然称颂为一种纯粹的生命力，要么将其贬低为一种蛮力，而不是像哲学那样将自然视为是有待阐释的文本，如果正确解读，这种哲学中所讲述的将是一个无尽的苦难故事。如果不犯将自然和理性等同的谬误，人类必须努力调和这两者。

在传统的神学和形而上学之中，自然通常被认为是"恶"，精神之物或者超自然之物则被认为是"善"。在通行的达尔文主义中，"善"是已然适应良好的，而有机体调整自身去适应之事物的价值并未受到质疑，或只能以进一步的"适应"作为标准来衡量。然而，对某个人来说，能很好地适应外部事物几乎等同于能够成功应对处理外部事物，能够掌控那种困扰他的那些力量。因此，在理论层面否认精神与自然的对立，常常在实践层面意味着，赞同人类对于自然的持续的、彻底的统治。将理性视为一种自然器官并不会使理性脱离"统治"的趋势，也不会给理性附加更大的"和解"的潜能。与此相反，在通行达尔文主义中的精神退位必然导致拒绝任何超越适应之功能的思想元素，因而也就拒绝不是自我保存之工具的任何思想元素。理性否定了自身的重要性，并且声称要仅仅做自然选择的仆从。从表面上看，这一新的经验理性比传统的形而上学理性看起来在自然面前更加卑躬屈膝，然而实际上，它不过一种蔑视"无用之精神"的傲慢、实用至上的思维，任何不仅仅把自然只是视为人类活动刺激物的观点都不在它考虑范围内。这种观点所带来的效应并不仅仅局限在现代哲学范围内。

　　那些以牺牲精神为代价的、歌颂自然或原始主义的学说并不支持和自然和解,与此相反,它们强调对待自然的冷漠或者无视。无论任何时候有人有意地把自然作为一种原则,他都会退回到原始冲动中。在模仿反应中,孩童是残酷的,因为他们并不能真的理解自然的苦境。他们经常几乎像动物那样,冷酷地、熟视无睹地对待他人,而且我们知道,即便是群居动物在一起时也会感到孤立。显然,在非群居动物和不同物种的动物群体间中,个体的孤立要更为明显。然而,所有的这一切看起来在某种程度上都是无辜的。动物,甚至在某种程度上孩童也是,并不动用理性。哲学家和政治家因屈服于现实而摒弃理性,使得一种更恶劣的倒退形式被减轻了,并最终无可避免地要混淆哲学真理和无情的自我保存及战争。

　　总的来说,不管好与坏,我们都是启蒙运动和技术进步的后人。通过倒退到更为原始的阶段去反对这些并不能减缓它们所带来的持续的危机。与此相反,这样的权宜之计把历史性的理性带向了纯粹野蛮的社会支配形式。唯一能够协助自然的方式就是去解放它的那些看起来相互对立的独立思考。

第四章　个体的兴衰

理性的危机体现于个体（individual）的危机之中，而个体的危机又是由理性的危机的发展所推动的。那种认为传统哲学珍视个体、珍视理性的幻想——也就是认定个体和理性之永恒的幻想——正在烟消云散。个体曾经将理性设想为自我的独一无二的工具。他现在所经历的正是这一自我神化的对立面。机器抛弃了驾驶员，它正在盲目地驶向虚空之中。在这个圆满的时刻，理性已经变得不合理并且迟钝。此时此刻的主题是自我保存，然而不存在"自我"可供保存。正是因为这种情形，我们有必要反思"个体"的概念。

当我们将个体作为一种历史实体来言说时，我们所意指的不仅仅是人类族群中某个成员的时空存在和他的感觉的存在，更指的是，他作为一个有意识的人，意识到了他的"个体性"（individuality），包括他对他自己的身份的认同。这种对于自我身份的知觉并不是在所有人之中都是同等强烈的。在成年人中这

种限定比在儿童之中更为清晰，儿童必须学会将他们自己称为
"我"，而"我"是对身份的一个最为基本的确认。同样，这种限
定在原始族群之中也比在开化族群中更弱，毕竟在受到西方文明
之驱动影响不久的情况下，土著人似乎对自己的身份仍无法确
定。生活在当下的喜悦与沮丧之中，他似乎朦胧意识到了自己是
一个个体，他必须继续前进，去面对明日的种种风险。这样的一
种落差也就部分解释了，为什么人们普遍认为他们这些人懒惰又
喜欢撒谎，因为这样一种批评预先认定了他们作为被指责一方有
自我身份的意识，而他们实际上是缺乏的。对诸如黑人这样的受
压迫种族的特征的认识之中，就存在这样的极端形式，同样的趋
势也体现在对受压迫阶层的认识之中，是因为这样的阶层缺乏继
承财产的经济基础。因而，同样，在美国南方的贫穷白人群体之
中这种个体性的矮化一样存在。假如这些贫苦人不是习惯了去模
仿那些优胜于他们的人，对他们来说，敦促他们去培育个人性的
公然宣传或者教育吁求，即便不是伪善，也不可避免地显得高傲
了——一种哄骗他们进入虚妄满足状态的努力。

　　个体性有这样一种前提，就是为了个人生存的安全保障、物
质的和精神的维持，心甘情愿地牺牲即时性的满足。如果通向此
种生活的道路被堵塞了，人们自己就几乎没有动机去拒绝瞬时性
的快感。因此，在大众之中，个体性的一体性和持久性远不及所
谓的精英。另一方面，精英一直以来更加专注于那些获取权力和
把持权力的策略。今天，社会权力相比于以往任何时候，都更多
地经由事物的控制来协调。个体越是汲汲于控制事物的权力，事
物就越发会支配他，他也就越发地缺少真正的个体特质，而且他
的精神就会被转化成一种"形式化理性"的自动机。

个体不仅仅创造了"个体性"的概念，而且也奠定了西方文化的模式（即便在古希腊也是如此），这一故事至今大体上仍然未被书写出来。新兴的个体的典范就是希腊的英雄。他勇敢且自立，他在生存的斗争中取得了胜利，并且把他自己从部族和传统之中解放了出来。对于雅各布·伯克哈特（Jacob Burckhardt）这样的历史学家而言，此种英雄就是一种未受约束的、朴素的利己主义的化身。然而，当英雄无边的自我折射出这样一种支配的精神，并且强化了个体和他的群体及其风俗之间的二元对立时，他其实对于自己的自我，以及自己和这个世界的冲突的性质并不清楚，因此也就容易成为各种各样的阴谋诡计的牺牲品。他的种种令人敬佩的行迹并不是出于某种个人自发的特质，比如凶恶或者残暴，而是更加来自针对某种罪行进行复仇或者来自躲避某种诅咒的欲望。英雄主义的概念和牺牲的概念是密不可分的。悲剧性的英雄从部族与其成员之间的冲突中诞生，在这种冲突中，个体总是成为被击败的那一方。有人可能会说，英雄的生命与其说是一种个体性的外在表现，不如说是这种个体性的诞生的序曲，而这种诞生是通过自我保护和自我牺牲这二者的联姻来达成的。在荷马笔下，唯一以其拥有的个体性、以其自己的思想来打动我们的英雄是尤利西斯，但他太过诡计多端因而看起来不那么像是真正的"英雄"。

典型的希腊式的个体是在城邦或者邦国的年代中，随着市民阶层的逐步成型而趋于成熟的。在雅典式的意识形态中，国家既高于它的市民，也先于它的市民。但是，城邦的主导性地位其实是促成而不是阻滞了个体的兴起：它使得城邦及其成员之间、使得个体自由和公共福祉之间达成了一种平衡，而这一点在"伯里克里斯的葬礼演说"(Funeral Oration of Pericles)① 上得到了最为充分的体现。在《政治学》中的一个著名章节里，亚里士多德把希腊市民描述成这样的个体：他们同时拥有欧洲人的勇气和亚洲人的聪慧，在不失去其自由的情况下却可以获取支配他人的能力。"希腊民族，"他说，"如果他们可以形成一个国家，他们能支配整个世界。"② 事实一再表明，城市文化达到其顶峰，比如在 15 世纪的佛罗伦萨，一种类似的心理力量的平衡再次形成。个体的命运一直以来总是和都市社会的发展联系在一起。城市居民是最为典型的"个体"。那些对城市生活提出批评的伟大的"个体主义者"，比如卢梭和托尔斯泰，其知识根源则来自城市的传统。梭罗避于林野的想法是一位研究希腊城邦的学者构想的，而不是农民构想的。在这些人之中，对于文明的个体主义恐惧是由文明的果实所滋养的。正如这些作者所阐释的，个体性和其存在的经济和社会条件间的对立就是个体性自身的一种重要组成部分。今天，个体的自主意识的心灵之中，这一对立被一种让自己适应现实的欲望所取代。这一过程正是当前的个体的危机的一个症候，反过来也反映了在西方历史中盛行二十五个世纪之久的城市传统观念的崩溃。

柏拉图第一个系统地尝试按照城邦的理念构建一种关于个体性的哲学。他将人与城邦设想成一种"智慧""欲望"和"勇气"和谐且相互依存的结构，如果对于劳动的划分分别对应着人的

① 政治学（Politica），第七卷，1327b。——原注
② 《亚里士多德作品集》（*The Works of Aristotle*），本杰明·乔伊特（Benjamin Jowett）译，罗斯（W.D.Ross）编，牛津（Oxford）版，1921 年，第 5 卷，第 10 节。——原注

"灵魂三重性"（tripartite psyche）的不同方面，那么这种结构的组织方式就是完美的。他的《理想国》所表达的就是一种为了满足共同体利益的个体自由和集体控制之间的平衡。在每个关键时刻，柏拉图都试图去显示实践领域和理论领域内部的和谐，以及这两个领域之间的和谐。在实践领域，要达到这样的和谐，就要给每个社会阶层指定其功能和权利，并且要将社会结构和社会成员的性质之间相互关联。在理论的领域，就要通过一种体系来达成，这种体系在一种普遍等级制的情况下给予每个形式以充分的自主性，并且确保每个个体能够在理想的典范之中有所"参与"。既然这个"伟大的存在之链"（Great chain of being）是永恒的，那么个体就是预先注定的。每一种"存在者"的价值是通过一种预先存在的目的论视角来衡量的。

柏拉图的本体论很大程度上散发着一种陈旧的宇宙生成论的味道，这一视野之下，所有的生命与存在都被一种无可阻挡的、不可改变的力量所统治。对于一个人来说，抵抗命运是没有意义的，就像是任何其他自然界中的有机体去抵抗季节交替或者生死轮回一样没有意义。在我们欣赏柏拉图式宇宙包罗万象的景观时，我们千万不要忘记，这些风景根源于一个建立在奴隶劳动基础上的社会，也同样以此为前提。一方面，柏拉图指出了通往个体主义的道路，他假定了至少人在某种程度上是自己塑造的，以实现自己内在的潜能。另一方面，亚里士多德没有偏离柏拉图的学说，他教导说：有一些人生来就是奴隶，另有一些人生来就是自由人，此外，奴隶的美德就体现在服从之中，就像妇女和儿童的美德也是这样。根据这一哲学，只有自由人才能渴望某种来自竞争与共识的和谐。

柏拉图的体系中蕴含着"客观理性"而不是"主观理性"或者"形式化理性"的观念。这种取向有助于解释其观念的"具体性"，与此同时解释了它何以与人性保持距离。很多著名的本体论都存在着一种冷酷的元素，强调和谐个性的价值，即便看似温和宁静的歌德也是如此，更不要说在中世纪哲学对于和谐宇宙的愿景了。个性就是一个微观宇宙，它呼应着一种不可改变的社会和自然的等级制度。对于任何不可改变的宇宙秩序的坚持，意味着对历史的静态视野，预示着共同体和自然中的主体从永恒的童年状态中获得持续解放的可能性被排除了。从客观理性向主观理性的转化是一个必要的历史过程。

然而，尽管只是简单提一下，这里还是要注意到，"进步"的概念同样是有问题的、冷酷的。如果本体论通过各种客观概念间接地使得自然的力量实体化，因而有利于人对于自然的统治，那么"进步"的学说则是直接实体化了统治自然的理想，最终自身退化成一种静态的、衍生的神话。抽象出来的"运动"本身脱离了其社会语境和人类目标，成为一种纯粹的运动的幻象，一种机械重复的恶性无限。把"进步"提升至一种无限理想的状态忽视了，即便是在一个动态的社会里，任何"进步"都包含矛盾的特质。在西方哲学的基础文本——亚里士多德《形而上学》——之中，普遍动力（universal dynamism）的观念能够直接和不可动摇的"第一动因"（First Mover）相联系，这并非偶然。技术盲目发展，强化了社会压迫和剥削，这样的环境在任何阶段随时都可能会把进步转化成其对立面，即成为完全的野蛮。静态的本体论和进步的学说——客观主义形式和主观主义形式的哲学皆是如此——把"人"遗忘了。

苏格拉底是抽象的"个体性"概念的真正先驱，他第一个明白无误地肯定个体的自主性，相比于他的门徒柏拉图和亚里士多德，他更少地"形式化"，也更具"否定性"。苏格拉底对于"良知"的肯定，将个体与普遍的关系问题提到了一个更新的层次。"平衡"不再是从城邦内部已经建立的和谐之中推断出来；相反，"普遍"现在被构想为是驻扎在人类精神之内的、一种内在的、几乎是自我验证的真理。对苏格拉底来说，沿着那些伟大的"智者学派"的思考轨迹，在没有反思的情况下去渴望，甚至是去做那些正确的事，是远远不够的。意识清醒地做出选择，是一种合乎伦理的生活方式的前提条件。因此，他和代表神圣习俗和宗教崇拜的雅典法官发生了冲突。对苏格拉底的审判①是文化史的一个关键节点，它标志着，个体良知与城邦、理想与现实之间，开始产生如深渊般的分离。主体开始将"自身"看作最高的思想，而非外部现实。渐渐地，随着他在古代世界中的重要性逐步增强，对于存在的兴趣也开始逐步减弱。哲学越发呈现出通过内在和谐去追求精神安慰的特质。希腊社会开始遍布着一种后苏格拉底的顺从哲学（比如斯托亚派），这使得人们确认，他的最高幸福是自足（自守），不需要去欲求任何事物就可以实现这一状态，而不是通过拥有一切独立生活所需的一切来实现。这样的冷漠以及回避痛苦的建议使得个体从共同体中分离出来，以及让理想从真实之中分离出来。个体放弃了将现实塑造成真理之像的权利，使自己屈服于专制。

这里面存在着某种道德寓意：当每个人都决定转向一切只顾

---

① 见黑格尔（Hegel）《哲学史》（*History of Philosophy*）对于"苏格拉底审判"的分析。——原注

自己时，个体性就遭到了损害。当一个普通人抽身退出政治事务时，社会就会倾向于退回丛林法则，这便会破坏所有的个体性的痕迹。绝对孤立的个体一直以来都是一种幻觉。那些最受尊崇的个人特质，比如独立性、追求自由的意志、同情以及正义感，和个体德性一样都是社会性的。充分发展之个体就是一个充分发展之社会的终极形态。个体的解放并不是指从社会中解放出来，而是指把一个社会从原子化状态中解决出来，在集体化和大众文化的各个时期，这种原子化可能就会达到自己的巅峰。

基督教个体从希腊文化的废墟中浮现出来。人们或许会认为，面对一个无限的和超验的上帝，基督教个体是无限渺小和无助的，确切地说他是自相矛盾的存在，因为永恒救赎要付出完全放弃自我的代价。实际上，某种教义认为，地球上的生命只不过是灵魂的永恒故事中的一个间奏，个体性的追求在教义中被无限强化。当上帝按照自己的形象造人，以及让基督为众生赎罪时，实际上这里面暗示了一种平等的观念，灵魂的价值被这一观念强化了。灵魂的概念，作为内在之光、上帝的栖身之所，恰恰就是随着基督教开始形成的，与此相反，此前所有的古代思想都含有一种空无和疏离的因素。《福音书》中有关加利利的渔夫和木工的教诲和故事似乎让希腊的杰作失去了声音和灵魂，缺少那种"内在之光"，使古代的主要人物呈现出草率的和野蛮的特质。

在基督教中，人类的自我和有限本质，并不像严格的希伯来一神论传统中那样存在冲突。因为基督在无限真理和有限个人存在之间充当了中介者的角色，传统的歌颂灵魂和贬低自然的奥古斯丁主义（Augustinianism）最终就败给了托马斯学派的亚里士多德主义（Thomistic Aristotelianism），而后者就是一种旨在调和理想世界和经验世界的宏大设计。基督教和那些互为竞争的各种世界范围内的宗教和希腊伦理哲学形成鲜明对比，它把克己、掌控自然冲动和浸入每个行为的博爱联系起来。自我保存的观念被转换成一种灵魂永生的形而上原理。恰恰是通过贬低经验自我的价值，个体获得了一种新的深度和复杂性。

就像只要心智坚持与自然对抗，它就只不过是自然的组成部分，同理，只要个体只是自我保存之任务中，通过协调功能而定义的自我的化身，个体也只是一种生物学样本。社会失去其凝聚力，人就作为个体而浮现出来，他也就开始意识到他的生命和那种看似永恒的总体之间存在差别。死亡呈现出醒目的、无法调和的一面，个体生命变成一种无可取代的价值。哈姆雷特常被视为第一个真正意义上的现代个体，因为他恐惧死亡的终局性和深渊的恐怖，这恰恰是个体性观念的体现。他的形而上学思考的深刻性、他的心灵中的微妙的阴影，体现的是基督教的影响。尽管哈姆雷特是蒙田的优秀门徒，他丢掉了基督教徒的信仰，但他仍葆有一颗基督教徒的灵魂，而这在某种程度上恰恰标志着真正的现代个体的起源。基督教义通过其灵魂不朽的教义以及上帝的形象，创造了一种个体性的原则。但是与此同时，基督教义将那种具体的、凡俗的个体性相对化了。文艺复兴的人文主义保留了基督教义所设想的个体的无限价值，但是将这种价值绝对化了，因而也就是完全凝固了它，也就埋下了它的毁灭的伏笔。对哈姆雷特来说，个体既是一个绝对的实存，同时也是完全无意义的徒劳。

通过放弃在尘世中自我保存的意愿，而选择保护永恒的灵魂，基督教维护了每个人的无限价值，这一观念甚至渗透到非基督教乃至反基督教的西方世界体系之中。这其中确实付出了压制生命本能的代价，以及——因为这一压制从未成功过——一种遍及我们文化的伪善由此而生。即便如此，这一特定的内在化使得个体性得到了强化。通过对他自身的否定，通过模仿基督的牺牲，个体获得了一种新的维度，也同时获得了一种在尘世中据以筹划自身生命的新的理想。

据此可以看到，基督教义中关于爱及博爱（caritas）的思想本来是受到当权者的欢迎的，后来却获得了一种自身的发展势头，基督教精神最终开始对抗那个曾经滋养它，并传播其至高无上观念的机构，也即教会。教会把它的影响延伸到了内在生命，这是一个传统的古典社会机制从未侵犯的领域。在中世纪快要结束时，教会在世俗世界和精神世界的统治，都开始逐渐地被摆脱了。在个体的观念这一方面，改革和哲学启蒙存在着惊人的对应。

在自由市场的时代，也就是所谓个人主义时期，个体性最为完全地附属于自我保存的理性。在这个时期，个体性的观念似乎使自己摆脱了形而上学的牵绊，成为一种纯粹的个人物质利益的综合体。无需证明，它并没有因此而免于被意识形态家用作棋子。个人主义是资产阶级自由主义理论和实践的核心，它认为社会通过自由市场中不同利益之间的自发互动而进步。个体只能通过追求他自己的长期利益将自身维持为一种社会存在，而不是通过短暂的即时满足。基督教的禁欲规训所锻造的个体性的品质因而得以强化。资产阶级个体并不必然会将自己视为一种集体的对立物，而是相信——抑或是被说服相信，他自己是社会的一员，这个社会只需要个体利益的不受限制的竞争，就可以抵达最高程度的和谐。

也许可以这样说，自由主义将自身视为是一种已然实现的乌托邦的倡议者，几乎只需要解决一些令人烦恼的小麻烦。这些小麻烦并不会被归咎于自由主义的原则，而是会被归咎于一些阻碍自由主义大功告成的、令人遗憾的非自由主义障碍。通过提倡贸易和交换的原则并将自由主义的社会整合起来，这一原则导向了一种一致性。"单子"（monad），这一属于 17 世纪资本主义社会的小经营者经济个体的象征，成为一种社会类型。尽管"单子"在自我利益的坚壁背后各自孤立，但恰恰是通过对于这一特定的自我利益的追求，它们越来越趋向于同一。在我们这个大型经济联合体和大众文化的时代，一致性原则摆脱了其个人主义面纱，人们公开地宣称这一原则，并将其提升至一种独立的理想。

自由主义在其初期的特点是存在为数众多的独立企业主，这些企业主照管自己的财产，并且为了保护这些财产与那些敌对性的社会力量相对抗。市场的运动以及生产的总体趋势是根植于其企业的经济需求。商人和制造商都要为任何经济上及政治上的可能情况做好准备。这样的需要刺激他们从过去发生的事件之中吸取教训，也同样刺激他们为未来提前制定规划。他们必须为自己考虑，尽管他们所宣扬的所谓思维独立某种程度上也不过是一种幻觉，但它足够客观，从而可以以某种特定的形式、在某个特定的时期为社会的利益服务。中产阶级，尤其是那些充当贸易中间人和某些类型的生产商，他们所组成的社会不得不鼓励独立的思考，尽管这可能与他们各自特定的利益相冲突。人们认为，企业要在家族之内传承，这使得商人有意识地拓展自己的视野，让其超出自身有限的生命年限之外。他的个体性是属于一种供给者的个体性，为自身和同类人而自豪，而且确信整个社群和国家的重任有赖于他和他的同类人，他们都公然地被物质获取的刺激所激励鼓舞着。面对获利型世界的挑战，他感觉自己已然准备充分，这种感觉表现出一种坚强而清醒的自我，使得自身得以维持那些超过即时需要的利益。

在大型企业的时代，独立的企业主不再典型。普通人发现，为自己的后代乃至为自己的长远将来做出规划越来越难。当代个体相比于他的祖先也许拥有更多的机会，但他的具体前景日益短暂。准确地说未来对他而言并不是什么重要的事务。他只是觉得，如果他保留着他的技能，并且依附于他的公司、协会或者联盟，他不会完全迷失。因此，个体化的理性主体越发倾向于成为一种萎缩的自我，它被瞬息即逝的当下所困扰，忘记了去使用他的智性能力，忘记了他曾经就是依靠这样的能力超越了他在现实中的实际位置。这些能力现在被时代的巨大的经济和社会力量所接管。个体的未来越来越少地取决于他个人的审慎，而是越来越多地取决于国内和国际强权之间的斗争。个体性丧失了它的经济根基。

人类的内部仍然留存着抵抗的力量。尽管遭受着集体模式的持续攻击，人类的精神依然存活，就算不是存活在作为社会团体的一员的个体之中，也至少是存活于作为独自个人的个体之中，这正是反对社会性悲观主义的证据。但是，目前现存的种种条件对普通人的生活影响如此之大，以至于此前提及的顺从型的那一类人已经压倒性地占据主导地位。自他出生的那一天起，个体就被告知，在这个世界上只有一种处世之道，放弃他的终极性的自我实现的希望。他只能通过模仿来实现这一点。他持续对感受到的有关他的一切做出回应，不仅仅是在意识层面如此，更加是以整个生命如此去做出回应，模仿着那些包围他的所有集体表现出的特质和态度——他的游戏团体、他的班级同学、他的体育队伍，以及所有其他集体，如前所指，比任何 19 世纪的父亲或老师能够强化一种更严格的一致性，通过更彻底的同化来达成更彻底的屈服。他通过附和、重复和模仿他的周围环境，通过调整自身以适应身边所有的那些强大的、他最终必将归属的团体，通过将自己从个人存在转化成组织中的一个成员，通过在组织之中为了迅速或有能力适应，以及在其中获得影响而牺牲自己的潜能，从而设法求得生存。这种生存其实是诉诸一种最为古老的生物学生存手段来达成，即拟态模仿。

就像一个孩子会重复他母亲说的话，抑或年轻人学习那些曾经让其备受折磨的年长者的粗鲁态度，通过日益难以分离的商业娱乐和大众广告，工业文化的庞大扩音器发出刺耳的声音，无止境地复制现实的表层。尽管如此，所有的娱乐工业的巧妙装置一遍又一遍地复制具有欺骗性的、平淡的生活场景，因为这一复制在技术层面如此精准，它掩盖了意识形态内容的虚假，抑或掩盖了在将这一内容引入时的武断。这样的复制和伟大的现实主义艺术毫无共通之处，因为后者描摹现实恰是要对现实做出评判。现代大众文化尽管自由借鉴了陈旧的文化价值，却赞美了世界的本来面目。电影、收音机、通俗传记和小说有着同样的腔调：这就是我们的模式，这就是伟人和未来之伟人的惯例——这就是现实本身，现实本应如此，将会也会如此。

甚至那些本可以表达对成功以外的希望的词语也被用来服

务于这一功用。永恒福祉的观念和所有和绝对者相关的一切都被降格为宗教启迪功能，被构想成一种休闲活动；它们已被改造成"主日学校"（Sunday-school）的本地口语的一部分。与此相似，幸福的观念也被降格为一种陈腐，以符合严肃的宗教思想经常批评的那样一种正常生活方式。真理的观念也被简化成了在控制自然之时的一种日常工具的目的，此外，内在于人之中的无限潜能的实现已被降级为奢侈品。不为任何既成群体利益服务的思想或者不和任何工业之业务相关的思想是没有自己的地位的，它会被认为是空洞的或者是多余的。矛盾的是，这样一个世界上大片地区都在面临挨饿的社会——它允许大部分机械设备闲置，对很多重要发明都弃之不用，把无数的工作时间都投入低能的广告之中、投入毁灭性工具的生产之中——这些奢侈品本就内在于这一社会之中，而这一社会使得"有用性"成为了它的信仰。

因为现代社会是一种整体，个体性的衰落既影响了社会较高阶层也影响了其较低的阶层，也即对工人的影响和对于商人的影响相差无几。作为部分消除竞争的结果，个体性其中的一个最重要属性，即自发行动，在资本主义中衰落，在社会主义理论中开始扮演不可或缺的角色。但是，今天，因为个体性的普遍衰败，工人阶级的自发性也被损害了。劳工开始跟批判理论逐渐分离，不再是像在19世纪的伟大政治思想家和社会思想家的阐释之中那样密切。被视为是进步拥护者的、有影响力的劳工领导把法西斯主义在德国的胜利归因于德国工人阶级对于理论思考的强调。事实上，恰恰不是理论自身而是理论的衰落促使人向权力进一步屈服，无论这种权力是由资本还是劳工的控制机构所代表。

然而，尽管大众容易受到影响，他们还没有完全向集体化屈服。尽管今天处在一种实用主义现实的压力之下，人的自我表现已经和他在现行体制中的功能完全相同，尽管和他人一样，他绝望地压制身体内的任何其他冲动，但无论何时他开始意识到其零星的渴望无法整合到当下现存的模式之中时，他会被愤怒攫住，这恰是发酵中的怨恨的标志。如果废除这种压制，怨恨会被转向为对抗整个社会秩序，而这种社会秩序内蕴着一种趋势，它阻碍人们清醒认识到这种压制的内在机制。综观历史，物质上的、组织上的和文化上的压力在将个体整合为一种公正的抑或不公正的秩序的过程中总能发挥作用；在今天，当劳工组织努力地改变工人的生存状况时，他们必然也在被引导着去促成这种压力。

现代的工业时代的社会单元相比以往的时代必然存在着关键差别。以往的社会单元就是各种整体，在这一意义上说，他们已然发展成以等级方式组织起来的整体。崇拜图腾的部落、宗族、中世纪的教会、资产阶级革命时代的国家等这些时代的生活紧随着历史发展形成的意识形态模式。这些模式——无论是秘术的、宗教的还是哲学的——都反映着社会支配的现有形式。即便它们在生产中所起的作用已然废弃，但它们充当着文化黏合剂的作用。因此，它们仍促进"普遍真理"观念的形成。它们这么做恰是因为它们事实上已然被"客体化"。任何观念的体系，无论它是宗教的、艺术的还是逻辑的，只要它们是通过有意义的语言组织起来，它们都达成一种普遍性的内涵意义，也就理所当然地宣称自己在普遍意义上是真理性的。

以往时代的集体性单元的意识形态宣称客观且普遍有效，其构成了在社会身体之中的一种基本存在条件。但是，组织的模式并不是完全和物质生活的形式相一致，比如中世纪教会的组织模式即是如此，只有神职人员和平信徒的等级化结构和仪式化功能被严格规定。除此以外，无论是生活自身还是生活的智识框架都未被完全整合。基本的精神概念并未和实用层面的考虑完全结合起来。因此，它们仍维持着一种自主性的特点。在文化和生产之间仍然存在着裂痕。这一裂痕相比现代的超级组织（superorganization）留下了更多的漏洞，几乎将个体简化成了一个单纯的功能性回应的单独细胞。现代的组织单元（比如劳动的整体）则是"社会-经济"体系的有机部分。

更早期的整体被认为是要符合于某种抽象精神模型，这种整体包含了一种工业制度下纯粹实用的整体所缺乏的元素。后一种整体中也有某种等级化的结构，但是它们被彻底地、专制地整合起来。举例来说，公职人员向上晋升并不建立在与任何精神理想相关的特质之上。这其中几乎只和他们操纵别人的能力有关。在这里纯粹是行政和技术上的技巧决定了政府人员的挑选。更早期的社会中的等级化的领导结构中绝不会缺少这种能力。但是，当领导能力和精神理想的客体化框架之间的关系解体时，现代的整体得以具备某种独有的特质。现代的教会代表的是一种过往时代教会形式的遗留。然而，这样的存留是建立在对纯粹机械构想的广泛适应的基础之上——而基督教神学内蕴的实用主义偶然之中已然帮助传播了这一构想。

社会理论——无论是反动的、民主的或者是革命的——恰是过去的思想体系的继承者，而过去的思想体系被看作是为过去的整体确定了模式。过去的那些体系已经消失，因为它们所假定的那些团结一致的形式被证明是虚假的，和它们相关的种种意识形态也变得空洞而辩护性。现代社会的批判就避免了辩护性，而且并不美化它的主体——即便是马克思也不会将无产阶级拔高。他将资本主义看作是社会不公的最后一种形式；他的学说本是被人认为用来指导被统治阶层，但是他对被统治阶层的既有的观念和迷信并不宽容。不同于大众文化的种种倾向，这些学说没有一个尝试去向民众"兜售"可以固着于其中的生活方式，或者兜售民众无意识之中厌恶却在公开场合歌颂的生活方式。社会理论提供了一种对于现实的批判性分析，包括对于工人自身的歪曲思想的批判性分析。然而，在现代工业制度的条件下，即便是政治理论也会被整体文化的辩护性趋势所感染。

这并不是说，我们应该渴望回归以往的形式。时钟不可能反向拨动，已经组织化的发展也不能逆转，甚至也不能在理论层面被拒绝。大众今天的任务并不是固守于传统的团体模式，而是要认识到并且去抵制正渗透到他们的组织，并侵扰他们个体思想的垄断模式。在 19 世纪，人们关于未来理性社会的设想的重点是在于将种种机制进行规划、组织和集中化，而不是个体的困境。议会制中的工人政党本是自由主义的产物，他们谴责自由主义非理性，并且提倡一种有计划的社会主义经济，反对无政府主义的资本主义。他们提倡社会的组织化和中心化，将其作为在非理性时代对于理性的拥护。然而，在当下的工业制度的形式下，合理性的另一面通过不断增加的压制开始逐步显露——不顺从的批判思想在塑造社会生活中的角色，个体化主体的自发性的角色，对现成行为模式的抵抗的角色。另一方面，社会仍然被分裂成互有敌意的不同群体，以及分裂成不同的经济和政治集团。这样的情形需要组织化和中心化，从理性立场来看组织化和中心化代表的就是普遍性的元素。另一方面，人类从其童年早期开始，就被吸收到各种联合体、团队和组织之中，在此之中，独特性（唯一性）、从理性立场看到的特殊元素都被完全压制或吞并了。这一点对工人来说和对企业主来说都是适用的。在 19 世纪，无产阶级仍然处于散乱无组织的状态。这也就解释了为什么虽然当时无产阶级分成不同的民族群体，分成熟练工人和非熟练工人，或者分成就业的工人和失业工人，其利益仍可以通过一种共通性的经济概念或者社会概念来具体化呈现。工人人口的无组织状态以及与其相伴随的理论思考趋势相比于商业领导阶层的种种实用整体形成了鲜明对照。工人阶级在资本主义历程中从被动角色向主动角色的崛起之所以达成，是付出了在普遍体系中的融合的代价的。

同样的过程，既在现实中又在意识形态中，将劳动力变成一种经济主体，也将早已是工业客体的劳动者转换成劳动客体。当意识形态已经变得更加贴近现实、更加切合实际时，它内在的与现实的矛盾、它的荒诞所在就开始增加了。当大众将他们自己看成是自身命运的创造者时，他们就是领导者的客体。当然，任何劳工领导者完成的事情至少暂时性地向工人们保证了某些好处。反对工联主义的新自由主义者沉迷于一种已然过时的浪漫主义之中，他们对于经济的侵入比他们在哲学领域的种种活动更加危险。工会以垄断形式组织起来这一事实并不意味着他们的成员是垄断者（劳工贵族除外）。它意味着，领导者控制着劳动力供给，就像大公司的高层控制着原材料，或者其他的生产元素。劳工领导者管理着劳动力，操纵着劳动力以及为其做宣传，并且尽量抬高劳动力的价格。与此同时，有赖于工业体系，他们自己的社会和经济权力、其地位和收入都远远高于个体工人的权力、地位和收入。

将劳动力组织起来被认为和其他的公司制企业一样也是商业，这一事实使人的物化这一过程得以完成。一个工人的生产能力在今天并不是仅仅被工厂购买，也不仅仅是附属于技术的需要，同样也是由工会的领导层来分配和管理。

随着宗教和道德的意识形态的消退，以及政治理论被经济和政治事件的推进所废除，工人们的种种观念被他们的领导者的商业意识形态所形塑。[①] 世界劳工大众和社会不公的存在这二者间内在冲突的相关观念被各种权力组织之间的斗争策略的相关概念所取代。早期的工人们并不曾有任何社会理论所揭示的关于种种机制的概念性知识，并且他们的思想和身体承受了压迫的印记；但是，他们的苦难仍然是人类个体的苦难，也因此将他们和社会任何领域、和任何国家的每个遭受苦难的民族都联系在一起。他们未充分发展的思想还没有受到大众文化的技术

---

① 理论衰落，以及它被一种实证论意义上的经验研究所取代，这不仅仅是在政治思想上被反映出来，也在学院的社会学中被反映出来。在美国社会学还处于起步阶段时，阶层的概念就其普遍意义而言在美国社会学中扮演着比较重要的角色。后来，人们越来越重点强调调查研究，在这个背景下，这个概念看起来越来越趋于形而上学。能将社会学理论和哲学思考联结起来的种种理论概念已经被通常人们认识到的各组事实的标记所取代。这一发展的基础存在于这里所描述的社会进程中，而非在社会科学的进展之中。在第一次世界大战前，社会学曾经在某个阶段对其"构建社会结构及社会变迁的理论体系的更大任务"坚信不疑，而这个阶段的标志是，"人们彼时普遍相信，理论性的社会学某种程度上将在我们的社会的持续发展中扮演某种主要的、构建性的角色；社会学当时有着属于青年的宏大抱负"（Charles H.Page, *Class and American Sociology*, New York, 1940. p.249）。当然，它现在的抱负已然没有那么宏大了。——原注

的持续刺激，未曾在他们的休闲时间和工作时间将工业化的行为模式印入他们的眼睛、耳朵以及肌肉。今天的工人，相比而言，与人口的其他部分一样，在智识层面受过更好的训练，更加见多识广，也不那么天真。他们熟悉国家大事的细节和政治运动的种种花招，尤其熟悉那些靠反腐败宣传而生存的政治运动的种种花招。工人，至少就那些未曾经历过法西斯主义地狱的工人们来说，完全有可能加入任何一种针对某个被挑选出来的资本家或者政治家的迫害之中，因为后者破坏了游戏规则，但是他们不会质疑这个游戏规则本身。他们已经学会了将社会不公正——即便这种不公正就在他们自身团体内部——作为一种强大的事实，并且将这种强大的事实作为唯一尊重的对象。他们的思想与一个大致相异的世界的种种梦想绝缘，也与致力于让这些梦想真正实现，而非只是进行事实归类的概念绝缘。现代经济条件使得工会的成员中，以及工会的领导之中都存在一种实用主义的态度，所以他们越来越相互雷同。这样的一种趋势，尽管一直在受到某些相反趋势的挑战，却也使作为社会生活新力量的劳动力越发得到强化。

这并不是说不平等得以减少了。对以往在不同的社会集团的单个成员间的社会权力差异来说，差别反而进一步增大了。虽然管理某些领域劳动力的工会能够抬高他们的价格，但对其他劳动类别来说，无论是否组织起来，都感受到了全部沉重的社会力量。此外，裂痕会存在于工会成员和那些因各种原因被排除出工会之外的人之间，也存在于特权国家的人民和那些在这个收缩的世界中既受本国传统精英支配，也受工业更发达国家的统治集团支配的人民之间。准则并没有改变。

　　在当前，劳资双方都同样关心保持住自身的控制，并扩展这样的控制。双方集团的领袖之间的竞争不断加剧，以至于惊人的技术进步承诺可以彻底改善人类生存的境况，其结果就是对于社会的理论批判变得多余。技术专家们坚持认为，"超级-生产线"所带来的商品过剩将会自动清除所有的经济苦难。效率、生产力和智能规划被宣布是现代人的上帝。所谓的"不具生产能力"的群体和"掠夺式"的资本被打上了社会之敌的标签。

　　工程师，也就是这个时代的标志，确实不像工业主或者商人那样完全专注于盈利。因为他的职能更加直接地和生产工作自身的需求相关，他的指令更具客观性。他的下属意识到，至少部分他给出的指令符合事物本质，因而在普遍意义上也是合理的。但是，从根本上来说，这种"合理性"（rationality），仍然和统治相关，而不是和理性相关。工程师并没有兴趣就事物本身的原因或者是从追寻洞见的角度来理解事情，而是根据它们的存在是否能融入某种方案之中来理解事物，而不去考虑这样的方案和事物的内在结构是否相去甚远。无论是对活着的生命还是无生命之事物都是如此。工程师的思想是一种以精简形式存在的工业主义。他的这种有目的的统治将会使得人成为一堆不具有自身目的的工具。

　　这样的对于工业活动的神化是无穷无尽的。只要不是为了确保进一步活动的适应性，休息就被视为是某种形式的恶习。莫斯·阿伦森（Moses F. Aronson）说："美国哲学以假定一种开放的、动态的宇宙为前提条件。一个流动不居的宇宙并不是一个安息的场所，它也不会鼓励一种消极冥想的美学愉悦。一个处于持续打开进程中的世界所激发的是积极想象，所欢迎的是强劲智识的操练。"① 他感觉实用主义"反映的是一种培养于边疆的、竞争性的心性，它所努力解决的是在农业经济背景下、持续席卷的工业主义浪潮所带来的种种困惑"②。

然而，现实美国开拓者的所谓"培养于边疆的心性"和这种心性的现代宣传者们之间，存在惊人的差别。这些开拓者自己并没有将手段具体化成某种目的。在求生存的直接斗争中，他们直面艰辛的劳作。在他们的梦想中，他们很可能也幻想过一种更少变动之宇宙和更适合安居之宇宙的乐趣。在其关于幸福的概念或者试图抵达的文化理想之中，他们也许看重"消极冥想的美学愉悦"。

然而，当他们在现代劳动分工之中选择一项脑力劳动职业时，他们的最新的追随者们则会歌颂相反的价值观。通过将理论努力描述为"强有力的""竞争性的"之类，以及在一种"自发的本地成长"的意义上，他们正在带着一种良心败坏的愧疚，试图保持住来自拓荒者的"奋斗生活"遗产，并将他们的语言融入各种手工职业的行动词汇表之中，尤其是农业劳动和工业劳动的行动词汇表之中。即便在观念的领域里他们也会崇尚协调与一致。在对美国哲学进行综合时，阿伦森写道："可以肯定的是，这里混入了很多的欧洲元素。然而，这些外来的成分，却被占用并融合到一个土生土长的整体之中。"③ 这些协调者越是能够抵达某种潜能，让尘世成为一种冥想和愉悦的居所，他们就越是有意无意

---

① 转引自查尔斯·毕尔德（Charles Beard）：《美国的精神》（*The American Spirit*），第 666 页。——原注

② 同上书，第 665 页。——原注

③ 同上。——原注

地成了约翰·费希特①的追随者，越是坚持称颂民族的观念和崇拜永恒活动的观念。

个体的衰落并不是技术或者自我保全的动机所致；也不是生产"自身"，而是生产借以发生的形式——在特定工业化框架之中的人际关系。人类的操劳、研究和发明是面对必然性的挑战的一种回应。其模式只有在人们将操劳、研究和发明转化成膜拜对象时才变得不合理。这样的一种意识形态倾向于去取代它所极力赞赏的这一文明的人文根基。当完全实现和无限享受的概念滋生了一种解放进步力量的希望时，对进步的崇拜就会导向进步的对立面。为了有意义的目的而存在的艰辛劳动可能会被享受，甚至被热爱。一种把劳动视为终极目标的哲学最终将导向对所有劳动的怨恨。个体的衰落绝不是人类的技术成就导致的，甚至也不是人类自身导致的——实际上人类常常比他们所说的、所想的和所做的要好很多——而是由当前的"客观思维"的结构和内容导致的，这一"客观思维"的精神弥漫到社会生活的方方面面。人们从大众文化机构中接受的现成的思考和行动模式发挥着作用，它反过来影响大众文化，仿佛这些本就是人民自己的想法。我们所处时代的"客观思维"崇拜工业、技术和民族性，却缺乏一种原则能够赋予这些范畴以意义。它反射出的是一种不允许任何推迟和逃避的经济体系所给予的压力。

这里必须要看到，对于生产力的理想来说，经济的重要性在今天是以一种有用性来衡量的，这种有用性和权力的结构相关，

---

① 约翰·费希特，即德国哲学家约翰·戈特利布·费希特（Johann Gottlieb Fichte, 1762—1814），被认为是连接康德和黑格尔之间的最重要哲学人物之一。——译注

而不是和所有人的需求相关。个体必须向致力于追逐国内和国际经济更大程度控制力的各个群体之一证明自己的价值。此外，他所贡献给这个社会的商品或者服务的质量和数量仅仅是决定他成功的因素之一。

效率，这一任何个体之存在的现代标准和唯一的合法性来源，也不应和真正的技术及管理才能混淆起来。它表现在能够"融入团队"，维持自身地位，让别人对自己印象深刻，"推销"自己，培养正确的人际关系——这些才能在今天似乎将由如此多的人通过生殖细胞传递下来。从圣西门 ① 到凡勃仑 ② 的技术统治论思想的谬误在于低估了在生产和商业的不同领域中带来成功的各种特征的相似性，也在于混淆了对生产手段的理性使用与其特定代理人的理性倾向。

如果现代社会倾向于去否定个体性的所有属性，人们可能会问，那它的众多成员是否会因其组织而得到补偿？技术专家经常坚持认为，当他们的理论被投入实践之中，萧条将成为过去时，经济上的结构失衡将会消失；根据他们的蓝图整个生产机制将会顺畅地运作。实际上，现代社会距离实现技术统治的梦想已然不远。在自由市场体系下，消费者的需求和生产者的需求以扭曲的、非理性的方式表现出来，最终导致了经济萧条，然而现在此种需求却在很大程度上能够根据经济与政治领袖的政策进行预测、满足和否定。人类的需要的外在表现不再是被似是而非的市场指标所扭曲；相反，这些需要会被数据决定，被所有种类的工

---

① 圣西门，即亨利·德·圣西门（Claude-Henri de Rouvroy, Comte de Saint-Simon, 1760—1825），法国哲学家，空想社会主义的先驱。——译注

② 凡勃仑，即索尔斯坦·凡勃仑，见全书第 32 页注。——译注

程师决定——工业的、技术的或者政治的——努力尝试使其在控制之下。不过，这样一种新的合理性，一方面是比市场体系离理性的观念更为接近，在另一方面，却又离理性更远。

在旧体制下，不同社会集体的成员之间的交往其实并不是被市场决定，而是由经济权力的不平等分配所决定。不过，人类关系被转换成种种客观的经济机制至少在原则上给予个体一定程度的独立性。在自由的经济体系之下，当不成功的竞争者遭到失败或者落后的群体陷入痛苦时，他们虽然在经济上遭遇挫败，却能够保有一定意义上的人类尊严，因为导致他们困境的责任可以被归咎于看不见的经济进程。今天，个体或者整个团体可能也会因盲目的经济力量而遭受毁灭，但是，这些力量是通过组织得更好、更有权力的精英们代为表现出来的。尽管这些支配性的群体之间的相互关系会发生变化，他们能够在很多方面很好地相互理解。当工业力量的集中化和中心化反过来消灭政治上的自由主义时，受害者们的失败就完全注定了。在极权主义之下，当精英对个体或群体进行歧视时，不仅剥夺了他们的生存手段，而且还攻击了他们的人性。美国社会也许会采取一种不同的路径。然而，现代工业主义的经济和文化体制带来个体思考和个体抵抗的萎缩，会导致朝向人性化的进化变得越来越难。

通过将生产的口号变成一种宗教信条，通过公然提倡技术统治的观念，以及将那些无法进入大型工业要塞的群体贴上"无生产能力"的标签，工业使得自己和整个社会都忘记了生产越来越成为某种权力斗争的工具。在现阶段，社会更加直接依赖于经济领导者的政策，政策更加顽固、更加奉行特权主义，因此在关系到真实需求的方面，可能相比被曾经被市场决定的自发趋势更加盲目。非理性仍然塑造着人类的命运。

通过消除表面上永久的财产关系所产生的过去和未来的稳定前景，大型工业力量的时代正在逐步消解个体。他的境况的恶化或许可以从他的个人储蓄的彻底不安全情况中衡量出来。只要货币严格和黄金绑定，并且黄金可以越境自由流动，其价值只能在很小的限制范围内波动。在当前的条件下，通货膨胀的风险，以及他的个人储蓄的购买力的大幅减少或者完全丧失的风险就潜藏在下一个拐角。个人拥有黄金曾是资产阶级统治的标志。黄金使得市民某种程度上成为贵族的继承者。拥有黄金使得他能够为自己构建一种安全保障，并且他有理由相信，即便在他死后，他的后代也不会完全被经济体系吞噬。他的或多或少的独立位置是建立在他将货物、钱财与黄金进行交换的权利的基础之上，因而就是建立在相对稳定的财产价值之上，这一独立位置是通过他的培养自己个性的兴趣之中体现出来——不是像今天这样，是为了获得更好的事业或因为任何专业理由，而只是为了他自己的个体存在。这一努力是有意义的，是因为个体性的物质基础并不是完全稳定的。尽管"大众"并不指望自己能获得"市民"的地位，但是真正对人文价值感兴趣的个体构成相对众多的阶层，就形成了理论思考的背景，也在艺术中构成某种通过其内在真理的表达来表现整体社会的需要的类型。

国家限制个人拥有黄金的权利是一次完全转变的标志。即便是中产阶级的成员也只能强迫自己忍受一种不安的状况。个体只能以这种想法安慰他自己：在他生病时或者到达退休年龄时，他的政府、公司、协会、联合会或者保险公司会照顾他。各种禁止私人持有黄金的法律其实象征着对经济独立之个体的裁决。在自由主义背景之下，乞丐往往是收租一族的眼中钉。在大企业的时代，乞丐和收租一族都在消失。在社会的大道上已然没有了安全的区域。每个人都必须不断前进。企业家成了一种公务员，学者成了一种职业性的专家。哲学家的格言——"隐藏得好，才会活得最好"（Bene qui latuit，bene vixit）——跟现代的商业周期已然不兼容。每个人都处于比自己级别更高的机构的鞭策之下。那些占据主动性位置的人并不比他们的下属多拥有多少程度的自主性。他们被他们自己所行使的权力所限制。

每一种大众文化工具都被用来对个体性施加社会压力，排除了个体在一切现代社会的瓦解机制面前保护自己的可能性。流行传记、伪浪漫小说和电影中对于个人英雄主义和白手起家者的强调并不否定这一观察。[1] 这些机器制成的自我保护激励加速了个体性的消解。正如坚韧的个体主义口号在政治上对大型托拉斯寻求摆脱社会控制有其用处，通过强加集体模仿的模式，个体主义修辞在大众文化中也同样拒不兑现它口头承诺的原则。如果按照修伊·龙[2]（Huey Long）的话来说，每个人都能成为一个国王，那么为什么每个女孩不能成为电影女皇，使其独特性在典型性之中得到体现？

个体不再拥有个人历史。尽管每个事物都改变了，但没有

---

① 列奥·洛文塔尔：《流行杂志中的传记》（'Biographies in Popular Magazines'），《广播研究》（Raio Research）1942—1943，纽约：1944 年版，第507—548 页。——原注

② 伊修·龙，即休伊·皮尔斯·朗（Huey Piece Long, 1893—1935），美国民主党政治人物，曾任路易斯安娜州州长，在任期间曾越过州议会行使权力，增加对富人的税收，加强福利帮助穷人，引起较大争议。——译注

事物在前进。他不需要一个芝诺 ① 或者科克托 ②，也不需要一个爱利亚（Eleatic）学派 ③ 的辩论高手或者一个巴黎的超现实主义者，《爱丽丝镜中奇遇记》(*Through the Looking Glass*) 女皇所说的——"你需要用尽所有力气奔跑才能待在原地"——意味着什么，或者龙布罗索（Lombroso）的疯子在他美丽的诗中表达的是什么：④

> 我们固守在自己的荣耀里，
>
> 就像轮子卡在铁销上，
>
> 我们在永恒轮回里疲倦，
>
> 一直徘徊，一直驻足！

如果存在反对声音，认为无论如何个体并不完全消失在新的非个人体制之中，抑或个体主义在现代社会中的顽固和猖獗堪比以往任何年代，这样的反对声音其实不得要领。这样的反对有一定的合理之处，即考虑到人类仍然比他所生活的世界更好。然而，他的生活仍然看起来像是按照吻合于他填写的问卷调查的顺

---

① 芝诺，古希腊的前苏格拉底哲学家（约前 490—前 430），因提出关于运动的悖论知名，如"阿喀琉斯追不上乌龟"。——译注

② 科克托，即让·科克托（Jean Cocteau, 1889—1963），法国诗人，导演，被视为"超现实主义"运动的代表人物之一。——译注

③ 爱利亚学派，即 Eleatic School，早期希腊哲学中最重要的哲学派别，产生于公元前 6 世纪意大利南部爱利亚城邦，这一派别的代表人物有巴门尼德、芝诺等。——译注

④《天才》，伦敦: 1891 年版，第 366 页（此处霍克海默引用的是意大利语原文: Noi confitti al nostro orgoglio, come ruote in ferrei perni, ci stanchiamo in giri eterni, sempre erranti e sempre qui!——译注）。——原注

序来进行的。他的智识存在在公众民意调查中被消耗殆尽。特别是所谓的今天的伟大的知识人，这些今天的大众的偶像并不是真正的个体，他们只是他们自身名声的奴才、他们自己的照片的放大物，以及社会进程的附属功能物。臻于完美的"超人"曾经令尼采极力发出忧虑的警告，但"超人"其实是受到压迫的大众的心理意向，是金刚（King Kong）而非凯撒·波吉亚（Caesar Borgia）① 这样的大众的心理意向。希勒特这样的假冒超人操练的催眠咒语并非是衍生自他们的所想、所说和所做，而是更多来自他们的滑稽举动，这些举动为人们设置了一种行为模式，而这些人已经被工业化处理剥夺了自身的自发性，他们需要被人告知如何交友、如何去影响别人。

这些已被描述的趋势在欧洲的历史上已然带来了最为巨大的灾难。其中的部分原因特别具有欧洲特色。其他的原因则可以归因于在国际趋势的影响下人的角色的巨大变化。没有人能够言之凿凿地预测，这些毁灭性的趋势会在不久的将来被人所检视。然而，人们越发意识到，加之于个体身上的不可忍的压力并不是不可避免的。希望人类会在将来看到，此种压力并不是直接源自生产的纯粹技术需求，而是来自社会结构。实际上，在世界上很多地方，在当前的生产力的不断发展的基础上，面临着即将到来的可能的变化，压迫的不断强化即已经表明了自身的恐惧。工业规

---

① 爱伦坡就曾讨论过何谓"伟大"：那些个体已经远远超出他们的族群的平均水准，几乎是不用怀疑的。但是，在回望他们的存在在历史上的痕迹时，我们应该忽略那些"大人物"的人生历程，而是应该认真回望那些死在监狱、疯人院里和断头台上的受难者们留下的细微的痕迹。见《爱伦坡便携文集》(The Portable Poe)，菲利普·斯特恩（Philip Van Doren Stern）主编，纽约：维京出版社（Viking Press），1945 年版，第 660—661 页。——原注

训、技术进步和科学启蒙，以及带来个体性毁灭的特定经济及工业进程承诺要去开启一个新时代——尽管这样的趋势现阶段仍然非常微弱——让个体性以更少意识形态化和更人性化的存在形式，重现为一种元素。

法西斯主义运用恐怖主义的手段，从而试图去把有意识的人类存在简化成社会原子，因为它恐惧的是，随着对所有意识形态的幻灭与日俱增，可能会导致人们意识到他们自己的和社会的最深层次的潜能。而且，实际上在某些情况下，社会压力和政治恐惧降低了人类对于非理性的根深蒂固的抵抗——这种抵抗一直以来正是真正的个体性的核心。

我们时代的真正个体是那些已然在抵抗征服和压迫中经历磨难和剥蚀烈焰的殉道者，而不是那些流行文化的膨胀的名人、那些循规蹈矩的显贵。面向那些其他人在社会进程中无意识经历的恐怖主义毁灭，这些未被颂扬的英雄有意识地敞开他们作为个体的存在。集中营的无名殉道者是正在努力新生的人道的标志。哲学的任务就是把他们的所作所为翻译成将要被听到的语言，即便他们的有限的声音已经被暴政压制。

第五章　哲学的概念

理性的形式化带来了一种自相矛盾的文化状况。一方面，自我和自然的破坏性的二元对立作为我们文明的历史的缩影，在这个时代里达到了它的顶峰。我们已经看到，抑制自然的极权主义如何将自我、将人类的主体简化为一种压迫的纯粹工具。在那些普遍化概念和观念里所表现出来的自我的其他功能，已然被败坏。另一方面，哲学的任务本是做出调解对立的尝试，却已然在否定或者遗忘这一对立的存在。和其他人类文化的分支一样，被称为哲学的那样一门学问表面上弥合了裂痕，但因而也增加了危险。当前的讨论的一个基本的假设是，从哲学上意识到这些进程的存在，能有利于将其反转。

对于哲学的信念即意味着拒绝让恐惧以任何方式阻碍自己的思考能力。西方历史直到晚近，社会都缺少足够的文化和技术的资源在不同的个体、团体和国家之间缔造一种理解。今天，物质条件已然存在。当前缺少的是那种能够理解到自己即是自身压迫之主体或负责之人这一情况的人。因为这样一种理解的发展的所有条件已然存在，如果认为"大众的不成熟"这一说法站得住脚，那就是荒谬的。此外，即便是在欧洲最为落后的地区观察社会进程的人们也不得不承认，被领导的人至少也和那些他们以偶像崇拜方式跟随的那些可怜的、膨胀的小"领袖"（Führers）们一样成熟。当前的时刻，一切都依赖于正确运用人的自主性，意识到这一点，就应该把那些还没有被噤声的人们召集起来去捍卫文化，防止文化因为那些随风倒的不可靠朋友而面临贬值，或是因为已经进门的野蛮人而面临毁灭。

这一进程是不可逆转的。正如前述讨论新托马斯主义时所说，提倡去倒转历史车轮的形而上学疗治方案被其宣称的厌恶的实用主义所败坏。

> 斗争已是太迟了，一切治疗都只会使病情更加沉重，因为疾病已经感染了精神生活的骨髓，即是说，损害了在自己的概念中的意识，或者说，侵袭了意识的纯粹本质自身；于是这种意识就没有可以战胜疾病的力量……到这个时候，只有记忆还保留着以前的精神形态的死去了的样式，成了一段过去了的历史，而谁也不知道是怎么过去了的。于是新的抬上来供人崇拜的智慧之蛇，就这样毫无痛苦地蜕去了一层枯萎的旧皮。①

---

① 黑格尔：《精神现象学》，J.B. 伯利译，纽约：1931 年版，第 564—565 页（此处译文参照贺麟译本，见［德］黑格尔：《精神现象学·下卷》，贺麟、王玖兴译，上海：上海人民出版社 2013 年版，第 87 页——译注）。——原注

本体论的复兴也是使得病症加剧的手段之一。保守派的思想家已经描述过启蒙、机械化和大众文化的负面维度，他们也经常尝试去重新强调旧时典范，或是指出不需要经历革命风险即可以追求的新的目标，从而去减轻文明所带来的后果。那些反对革命的法国哲学，以及德国在法西斯主义产生之前的哲学即是直截了当表明此种态度的例子。他们对于现代人的批判是浪漫主义的、反智主义的。集体主义的其他的敌人提出的是更为进步的观念，比如欧洲联盟的观念，或者文明世界整体的政治统一体观念，恰如 19 世纪末的加布里埃尔·塔尔德[1] 或者我们时代的奥尔特加·加塞特[2] 所做的那样。尽管他们关于我们时代的"客观心灵"的分析最为切中要害，他们自身在教育上的保守主义无疑就是其中的组成部分。加塞特把大众比作被宠坏的孩子[3]；这样的比喻恰恰适用于大众中的那部分最为完全地被剥夺了个体性的人。他批评他们对于过去忘恩负义，而这种批评恰是大众宣传和大众意识形态的元素之一。事实上，他的哲学是偏向于大众的普及性，也即是它的教育性特点，而这一事实使得它不再是一种哲学。那些体现出对于历史进程的批判性洞见的理论如果被当作灵丹妙药，往往就会被转化成压制自由的学说。这一情况无论是对激进的学说还是保守的学说而言都是适用的，晚近的历史所给我们的教训即是如此。哲学既不是一个工具，也不是一个蓝图。它只能按照逻辑和事实的必要性，预示行进的路径。在这么做的情况下，它

---

① 加布里埃尔·塔尔德（Gabriel Tarde）：《模仿律》(*The laws of imitation*)，英译者未知，纽约，1903 年版，第 184—188 页，以及 388—393 页。——原注

② 奥尔特加·加塞特（Ortega Gasset）：《大众的反叛》(*The Revolt of the Masses*)，英译者未知，纽约，1932 年版，第 196—200 页。——原注

③ 同上书，第 63—64 页。——原注

能够预测将要被现代人的凯旋之旅所激发的恐惧和抵抗的反应。

哲学没有定义。对哲学的定义其实与对它必须要表达之内容的明确叙述是相同的。然而，一些同时针对定义和哲学的评论可能会进一步阐明哲学所能承担的角色。它们也能带来一种机会，去进一步澄清我们对于自然、精神、主体和客体这种抽象术语的使用。

定义是在一个历史过程中才获得其完整意义的。除非我们谦卑地承认，它们的边缘不能轻易被语言穿透，否则人们就不能理智地使用它们。如果出于对可能之误解的恐惧，我们同意去消除历史的因素，并提供像定义那样的据说不受时间影响的命题，我们就舍弃了思想和经验的源头馈赠给哲学的智识遗产。这样一种完全的拒绝是不可能的，这一点是被我们时代最为"反历史"的"物理主义"哲学——逻辑实证主义——的过程所证明的。即便是它的拥护者也会将一些日常使用的不可定义的术语引入严格形式化的科学的词典之中，因而也算是对于语言的历史本性的一种尊重。

哲学必须对语言的缄默证词更加敏感，并且亲历在其中所保存的多重经验层次。每一种语言都携带一种体现思想形式和信仰模式的意义，而思想形式和信仰模式根植于说话人的发展过程中。它是王子的与贫民的、诗人的和农民的等各色视角的宝库。当人们在当地使用它时，它的形式和内容或是被丰富抑或是消耗。然而，如果就此认为，我们只需要通过去询问一个词语的使用者，就能发现这个词语的本质性意义，那就错了。在形式化理性的时代，即便是大众也会一起让概念和观念败坏。在大街上的人，或者像今天他被人所称呼的那样，在田地里的或者工厂里的人，正在学会像各种专家那样，几乎是图式化地抑或是非历史化地去使用词语。哲学家必须避免效仿他们的做法。他不能像自然科学家谈论一个化学物质那样谈论一个人、动物、社会、世界、心灵或者思想：哲学家没有公式。

公式并不存在。充分的描述、揭示任何一种概念中的意义、同时揭示其所有的形态、揭示其和其他所有概念的相互关联，仍然是主要的任务。这里，携带半被遗忘的意义层次和关联层次的词语是一种主导原则。这些含义不得不被再度体验和保留，好像它们被更为明智的、更普遍的思想所接受。今天，一个人屈服于这样的幻想，即最基本的观念会被物理和技术的行进所澄清，就很容易因此而被诱导着回避复杂性。工业主义甚至让哲学家也承担了压力，以至于他们会以一种生产标准化餐具的流程的方式来构想他们的作品。他们中的一部分似乎已经感觉到，概念和范畴应该以优雅的方式、以崭新的外表离开它们的生产车间。

因此，定义本身自然而然地放弃了严格意义上的概念-术语，这些术语从根本上来说将成为所谓主题（subject-matter）的原则，并且将会满足于标记（marks），也就是满足于决断，在这些决断之中，对客体自身而言本质性（essentiality）就是一种无关紧要的事，并且，这些标记也只用来为外部反思充当区分记号（distinguishing tokens）。这种单一的外部确定性完全不足以适应具体整体及其概念的性质，以至于它的排外选择是无从证明的，也没有人会认为一个具体的整体在其中有其真正的表达和特征。①

每个概念都必须被视为一种包容性真理的片段，在其中这个概念能找到自身的意义。确切地说，正是基于此种片段建成的真理大厦才是哲学的主要关切点所在。

通向定义的捷径是不存在的。如果有观点认为，哲学概念必须被压制，必须被同一化，并且只有在它们严格遵循同一逻辑的规定时才能被使用，那这种观点所代表的就是一种对于确定性的追寻，一种"太过人性"的冲动，其目的是要去将智识需求精简到口袋大小。这会使得一种概念不可能在不损害其同一性的情况下转换成另一种概念，不可能像我们做的那样，即尽管一个人、一个国家或者一个社会阶层的特质及其物质存在的所有其他方面都在经历变化，还要将其视为保持不变。因而，历史研究已然证明了，自由概念的属性一直处在变化之中。那些为其而战的政党的假定即便在同一代人之中也可能会存在矛盾，但仍然会存在完全相同的观念，它在这世界之中造就了处于一边的这些政党、个体与处于另一边的自由的敌人这二者间的所有差异。如果这一点是确凿无误的，即我们必须知道什么是自由，从而决定历史上是哪些政党在为此而奋斗，那么另一点也就同样是准确的，那就是我们也必须知道这些政党的特征，从而去决定什么是自由。答案就存在于不同历史时期的具体的轮廓之中。自由的定义即是历史的理论，反之亦然。

---

① 《黑格尔的世界与观念的逻辑》(*Hegel's Logic of World and Idlea*)(《主观逻辑》的第二部分和第三部分的翻译，附《有限和绝对的唯心主义导论》，亨利·马克兰 (Henry S. Macran)，牛津，1929 年版，第 153 页)。——原注

　　自然科学以追求明确为策略，也使这一策略合法化，并且在任何情况下都以实际应用为目的，它操纵着概念，仿佛后者是智力原子。概念被拼合在一起，形成陈述和命题，而这些命题又形成了系统。从始至终，系统的原子化构成成分保持不变。根据传统逻辑的熟悉原则，根据同一律、矛盾律、排中律这类我们几乎在每个操纵行为中在运用的法则，在机制内的所有地方，看起来这些原子化构成成分既相互吸引也相互排斥。哲学追求的是另一种不同的方式。当然，事实上它也会运用这些被神圣化的原则，但是，在其过程之中，这一模式被超越了，这不是通过任意的忽略，而是通过一种认知行为，在这种认知行为中逻辑结构恰好和客体的根本特性相吻合。对哲学而言，逻辑既是客体的逻辑，也是主体的逻辑。它是关于社会、自然和历史的基本范畴及基本关系的无所不包的理论。

　　在应用到自然的概念时，形式主义的定义的方法尤其是不够充分的。因为，如果需要去定义自然，以及定义与它互补的精神，那么不可避免地要么将二者二元对立，要么就将二者统一化，并且将其中一个或另一个视为一种终极物，视为一种"事实"（fact），然而实际上这两个根本性的哲学范畴却是不可分割地联系在一起的。一个概念，比如"事实"概念，只有被视作人类意识从超人类自然，以及人类自然中疏离所导致的结果——这种超人类自然和人类自然反之又是文明的结果，它才能真正得到理解。这样的结果严格来说就是"真实"（real）的：自然和精神的二元对立不能因为所谓原初统一的状态而被否定，就像是由这种能够被逆转的二元对立所反映的真实历史趋势也不能被否定一样。坚持认为自然和精神是统一的，其实就是试图通过无效的

155

"政变"（coup de force）去摆脱当前的局势，而不是在智识层面按照其内在的潜能和趋势的情况去超越它。

事实上，每一种哲学，若其最终确认自然和精神的统一，以此作为一种所谓的"终极材料"，也即每一种哲学上的一元论都服务于巩固人类统治自然的观念，一种我们已经尝试去展示出来的矛盾特征。提出统一性的倾向其实代表一种巩固精神彻底统治权的要求，即便是这种统一性是以精神的绝对对立面——此即自然——的名义出现：因为任何事物都被认为是停留在这个包罗万象的概念之内。因此，即便对于自然的首要地位加以确认，在其自身之内也隐含着另一种确认，即确认精神的绝对至尊地位，因为正是精神构想出了自然的首要地位，并且将一切附属于其下。鉴于这一事实，正是在一个微不足道的时刻，自然和精神之间的张力的两极紧张就得到了化解——无论这种统一是经由一种诸如唯心主义中"绝对精神"的名义来提倡，还是以自然主义中的"绝对自然"的名义。

从历史上来看，思考的这两种类型其实是服务于同一种目的。唯心主义推崇仅有的存在者，只不过本质上是将其以精神的形式表现出来。它用概念结构的和谐掩盖社会中存在的基本冲突，而且这种掩盖以所有可能的形式变本加厉，亦即通过赋予存在以一种早就在对立世界中丧失了的"意义"，将存在者拔高到了神的层次。自然主义——正如我们在达尔文主义的例子中所看到——则倾向于去赞颂对自然的盲目控制，而这种控制的典范被认为是存在于自然力本身的无目的运作之中。伴随着它永远是一种蔑视人类的元素——当然某种程度上这种蔑视经由一种带有怀疑的温和态度，亦即一种类似主治医生摇头的态度而软化——这种蔑视恰是如此众多的"半-启蒙"思想形式的源头所在。如果明确指认，人只是自然，而且除了自然以外一无所有，他充其量只是得到了怜悯。就和其他的任何"只是自然"的事物一样，他是被动的，他被认为是一种"治疗方案"的对象，最终成为一种依赖于或多或少某种善意领导下的存在者。

如果理论无法把精神和客观自然分开，并且将精神像自然那样以"准-科学"的方式定义它，这个理论就忘了，精神已经成为"非-自然"之物，即便它不过是一种自然的反映物，它仍然已经因为拥有这种反映属性，超越了"此时此地"(hic et nunc)。如果把精神的这一特质排除——它同时既和自然同一也和自然相异——就会直接导致这一观点，即认为人在本质上只是一种盲目的自然进程的元素和客体。作为自然的一种元素，他就像是把他造出来所用的土壤；正如和土壤一样，按照他自己的文明的标准来看，他是无足轻重的，在这个文明中，他并不比那些无用的大都市原材料具有更高的价值，也正是在这一语境下，这个文明中那些复杂流线型人工制品、自动机器和摩天大楼的价值得到相应评价。

精神和自然的关系问题中的真正难点就在于，把这两种实存的截然对立实体化，和把其中的一个实存简化为另一个，一样是不被允许的。这一难题反映的是所有哲学思考的困境。它不可避免地导向了"自然"和"精神"这样的抽象概念，而每一个这样的抽象概念意味着对于具体存在的误解，而这最终也会影响抽象概念自身。正因此，人们经历某个过程获得了哲学概念，当这些概念从这个过程被抽象出来时，它们就变得不充分、空洞、虚假。对一种终极的二元性的假定是不可接受的——不仅仅是因为，在逻辑上，传统的、极令人可疑的对于终极原理的需要和一种二元建构是不相容的。这两极并不能被简化成某个一元原则，而它们的二元性也必须大体上被当成一种产品来理解。

自黑格尔时代以来，许多哲学学说已经倾向于从事针对自然和精神之辩证关系的领悟。这里可能只需要提到关于这一主题的思考的重要例子。布拉德利 ① 的《经验一种》(*One Experience*) 被认为是用以指出不同概念元素之和谐的著作。杜威的关于"经验"的观念则是和布拉德利的理论存在着深度的关联。杜威在其他一些章节中将主体认定为自然的一部分，他只是简单地认同于"自然主义"，且声称经验既不是一种"排他且孤立的主体、客体、物质抑或思想，也不是其中两者的叠加"。② 因而，他表明了他是属于发展"生命哲学"(Lebensphilosophie) 的那一代人。柏格森 ③ 已然在诸如"绵延"(durée) 和"生命冲力"(élan vital) 这样的概念中坚持统一，但是在提倡科学和形而上学的二元性，以及由此而来的生命和非生命的二元性时，则坚持分离。乔治·齐美尔 ④ 的学说则指出生命有超越其自身的能力。然而，构成所有这些哲学的基础的"生命"概念所表示的是某种"自然"的领域。即使是像在齐美尔的形而上学理论中那样，精神被定义为一种生命的最高阶段，决定哲学问题的仍然更加可能是一种改进后

---

① 布拉德利，即 F.H. Bradley，见本书第 87 页注释。——译注

② 《经验与自然》，芝加哥版，1925 年，第 29 页。——原注

③ 柏格森，即享利·柏格森 (Henry Bergson, 1859—1941)，法国哲学家，提倡生命哲学，1927 年凭《创造进化论》获诺贝尔文学奖。——译注

④ 特别是《人生观》(*Lebensanschauung*) 和《现代文化的冲突》(*Der Konflikt der Modernen Kultur*)，慕尼黑与莱比锡，1918 年。——原注 [另，齐美尔 (Georg Simmel, 1858—1918)，亦译为席美尔，德国社会学家，著有《货币哲学》等。——译注]

的自然主义，而与此同时，齐美尔的哲学一直在与这样的自然主义做斗争。

自然主义并不是完全出错了。"精神"不可分割地与"自然"这一对象联系在一起。这一点是正确的，并不仅仅是因为与精神的起源——作为自然生命原则的自我保全目的——相关，也不仅仅是因为在逻辑层面的意义上，每一种精神性的行动都暗示了某种物质或者"自然"，而更加是因为，精神越是被视为某种绝对者，它越是存在倒退成纯粹神话的风险，以及可能完全把自然当成自身的范式，虽然它曾经声称要把自然吸收到自己内部，甚至要创造出自然。正因如此，最极端的唯心主义思考就会导向各种自然哲学或者神话学；从束缚中解放出来的精神不仅要求自然的形式，也要求自然的本质来作为其产物（比如像康德主义那样），越是如此，精神就越是丧失其特定本质，它的范畴就成为自然秩序的永恒重复。精神在认识论层面的问题不可解决，因为它在所有形式的唯心论中是自我感知的。尽管有人声称，精神就是所有存在以及自然的合法化，甚至就是其来源所在，精神的内容也总被认为是自主理性之外的某种东西，即便只是以假定的某种极为抽象的形式存在——这一所有知识论不可避免的矛盾证明了以下事实，即自然和精神的二元性不能在定义的层面上被提出，就像是经典笛卡尔理论所提出的"两种实体"那样。一方面，经由抽象，这两极之中的任意一极已经和另一极分开，另一方面，它们的统一不能作为一种既成事实被构思、被确认。

本书中讨论的根本性议题，也即"主观理性"和"客观理性"概念之间关系的议题，必须根据前文对"自然和精神""主体和客体"问题的反思来讨论。第一章提到的"主观理性"概念就是此种意识态度，它因为害怕自身陷入不负责任或随心所欲，乃至成为简单观念游戏之风险，从而毫无保留地调整自己，以便适应主体和客体间的异化，以及物化的社会过程。另一方面，今天的客观理性的体系，其所表征的是一种避免存在屈服于偶然性、盲目风险之下的努力。但是，客观理性的倡导者也存在风险，此即容易落在工业和科学发展的身后，他们所坚守的意义可能会被证明是一种幻想，其所创造的意识形态也可能是反动的。就像主观理性容易走向庸俗唯物论，客观理性则是表现出一种浪漫主义的倾向，而黑格尔理论作为努力诠释客观理性的最为伟大的哲学，它之所以具有无可匹敌的力量，也就是因为对这种风险的批判性洞见。如同庸俗唯物论一样，主观理性则很难避免滑入一种怀疑论的虚无主义之中。传统客观理性的肯定性学说则与意识形态和谎言有着天然的亲和力。尽管这两种理性概念的对立呈现出真实的相悖，但它们并不代表着思想的各自分离的、独立的路径。

哲学的任务并不是去顽固地扮演一方去反对另一方，而是要去促进相互批判，因而如果有可能的话，在智识的领域中去为二者在现实中的和解作出准备。康德的箴言——"唯有批判的道路仍是敞开的"，指的就是唯理论教条的客观理性和英国经验主义的主观推理这二者间的冲突，这一箴言甚至更加适用于今天的情形。在我们时代，孤立的主观理性四处取胜，导致了灾难性的后果，批判因而理所当然地也就必须着重于客观理性，而非主观哲学的残余，鉴于主观化已然如此发达，这种主观主义哲学的真正传统就其本身而言，现在看起来像是客观主义和浪漫主义。

然而，在今天的陈腐的神学用语中，对客观理性的这种强调并不意味着所谓哲学决断即是如此。因为就像是精神与自然的绝对二元论那样，主观理性和客观理性的二元对立只是一种表象，尽管这种表象有其必要。这两个概念，每一个概念不仅以其后果在瓦解着另一个，而且也在向另一个复归，从这个意义上来说，两个概念是交织在一起的。虚假元素不仅存在于这两个概念的本质之中，还存在于将其中一个视为对立的实体。这样的实体化来自人类境况的基本矛盾。一方面，控制自然的社会需求一直以来都限定着人类思想的结构和形式，并且因此使主观理性处于首要地位。另一方面，社会不能完全压制某种超越自我利益的主观性的想法，而这种利益是任何自我都忍不住想要去追求的。即便是这两个各自独立之原理的分离和正式重构，也都要依赖于某种必要性以及历史真实的元素。通过其自我批判，理性必须承认，这两种对立的理性概念有其局限。理性必须分析这二者间的裂痕的发展，而在一个二律背反的世界里，这一裂痕由所有在意识形态上试图挫败哲学二律背反的学说来维持。

　　这两个概念的分离与相关都必须被理解。自我保存的观念，也即正在将主观理性驱入疯狂的原理，正是将客观理性从同一命运中拯救出来的观念。如果应用于具体现实，这意味着，只有针对那些包含着主体自我保存目的，以及包含着对个体生命之尊重的社会客观目标的界定才值得被称为"客观的"。那些激发客观理性体系成型的有意识动机或无意识动机正是主观理性在自我保存之目标上的无能的体现。这些形而上学的体系在某种程度上以神话形式所表达了这样一种洞见：自我保存只有在"超-个体"秩序之中，也即在社会团结之中才能够达成。

　　如果有人要说，理性受疾病所扰，这一疾病应该被理解并非在某个历史时刻突然侵袭了理性，而是这个疾病和文明之中的理性自身的本性密不可分，自我们了解它以来即是如此。理性之病即是，它本就诞生于人类对统治自然的渴望之中，而疗救之方就取决于对原始疾病自身本质的洞察，而不是取决于能否把最近出现的症状治好。对理性的真正批判因而必然会揭示出文明的最深层，并且探讨其最早的历史。理性成为人类统治他人，以及统治人之外的自然的工具，从那一刻开始——从其最早的起源处开始——它自身揭示真理的意愿就被压制了。造就这一切的恰恰是因为这一事实，即它使自然成为一种纯粹的客体，而在这样的客体化的过程中，无论是在物质与事物的概念中，还是在神灵和精神的概念中，它都未能洞察自己的踪迹。人们可以说，今天肆虐的集体疯狂——从集中营到看上去最为无害的大众文化回响——其实已然在最原初的客体化的萌芽中就已经存在，就在最早的人类先民将世界视为某种猎物的计算式思索之中就已存在。偏执狂，亦即那种逻辑井然有序地构建某种迫害理论的疯狂，不仅仅是一种理性的荒腔走板，更是存在于任何纯粹只是追求某些目的的理性形式之中。

因此，理性的错乱远不只是在今日时代呈现出来的明显的畸形特性。理性只有通过反思这个被人类所制造和再造之世界的病症，才能实现其合理之所在。在这样的自我批判之中，通过摒除任何别有所图之动机，去保持和应用真理原则（我们仅把这一原则归功于理性），理性将会同时忠实于它自己。只要人类不能够理解他自己的理性，只要人类不能理解那种他借以制造和维持即将将他毁灭之对立的基本进程，自然的屈服将会重新成为人类的屈服，反之亦然。只有通过具体地实现了它自身的"自然性"——体现在它实现统治的趋向——这种趋向讽刺性地将自身和自然分离开，理性才能超越自然。也正因此，通过充当调和的工具，它也才能不仅仅只是一种工具。这一努力的方向变化，以及这一努力的前进和后退，反映的正是哲学之界定的发展历程。

理性之自我批判的可能性是有其先决条件的。首先，理性和自然的对立已经处在一个紧急和灾难的阶段；再者，在这个完全分离的阶段，真理的观念依然是可以触及的。

极端发达的工业制度形式束缚了人的思想和实践，无所不在的大众文化机构的冲击之下"个体"观念在衰落，这些都创造了理性解放的前提。在任何时候，善已然显现出压迫的踪迹，而压迫正是善之起源。因此，人类尊严的观念是诞生于对野蛮统治形式的体验之中。在封建时代最为残酷的阶段，尊严是强权的一种属性。君主与国王自带光环。他们要求着并且接受着人们的尊崇。任何疏于恭敬的人都将被惩罚，任何犯了欺君之罪（lèse majesté）的人都会被处以死刑。今天，个体之尊严的概念从它的血缘起源中脱离了出来，而是成为某种界定一个社会的组织是否合乎人道的观念之一。

法律、秩序、正义和个体性的概念历经了相似的进化历程。中世纪的人通过求情而避开正义的制裁。今天我们为正义而战，这一正义已然被普遍化并且被重新评估，并且将平等和宽恕包括在内。从亚洲的暴君，到埃及法老，到希腊的寡头，一直到文艺复兴时期的商业贵族和雇佣兵队长，以及到我们时代的法西斯领导者，那些有机会以牺牲他人为代价来发展其自身个体性的人都称颂个体的价值。

在历史上，一次又一次，各种观念挣脱了束缚，反对其所依托的各种社会体系。原因很大程度上在于，精神、语言和其他的心灵领域必然地会提出普遍性的主张。即便那些专注于捍卫自身特定利益的统治群体也必须强调宗教、道德和科学中的普遍性母题。因此，存在与意识形态之间产生了矛盾，这是推动历史进步的矛盾。当顺从主义预设了这两者间的基本和谐，并且统摄了意识形态自身之中的种种微小偏离时，哲学则使人们觉察到二者间的冲突。一方面，它以它所承认为最高价值的那些观念去评价社会，另一方面，它又意识到，这些观念也反映了现实的瑕疵。

这些价值与观念和那些去表达它们的词语是密不可分的，并且，就像前面所表示的，哲学对语言的处理是其最为重要的特征之一。词语持续变换的内容和重点记录了我们文明的历史。语言反映的是遭压迫者的渴望和自然的困境。语言释放了模拟的冲动。这一冲动转换成语言这一普遍媒介，而不是转换成毁灭性的行动，这意味着潜在的虚无主义的能量为了和解而运作。这造就了哲学和法西斯主义之间的根本的、内在固有的对立。法西斯主义把语言当成是一种权力工具，当成是一种储存知识的手段，以便在和平时期和战争时期的生产和毁灭中使用。这种被压制的模仿倾向被从充分的语言表达中切断，并且被当成是一种抹除所有对立的工具来使用。哲学通过帮助语言去实现其真正的模仿功能，实现其反映自然趋势的使命，来帮助人减轻其恐惧。哲学与艺术一样，通过语言反映激情，因而也将其转移到经验与记忆的领域。如果自然有机会在精神领域反映自身，它会通过沉思自身的图像获得某种宁静。这一过程存在于所有文化的核心之中，特别是在音乐和造型艺术中。哲学即是一种有意识的努力，试图将我们所有的知识与洞见整合到一种万物被恰如其名地称呼的语言结构中。然而，它并不希望在鼓励的词语和句子中找到这些名称——一些东方学派的教义就存在试图践行此种方法的意图，而此种方法在一些使人和物受洗的圣经故事中仍有迹可循——而是希望在发展哲学真理的持续理论努力中去找到这些名称。

真理的概念——名字与事物的匹配——内在于所有真正的哲学中，它使得思想能够去抵抗——即使不是去战胜——形式化理性的瓦解和损害作用。客观理性的种种古典体系，比如说柏拉图主义，似乎站不住脚，因为它们赞颂宇宙无情的秩序，因而它们带有神话学色彩。我们更倾向于认为，"真理是语言对于现实的呼应"这一观念之所以得以保留，更多地要归功于这些体系，而非归功于实证主义。然而，它们的支持者其实错了，错在他们认为他们能够在永恒主义的体系中完成这一"呼应"，也错在他们未能看到，他们生活在社会不公之中这一事实阻止了一种真正本体论的形成。历史已然证明了，所有这样的努力都是虚幻的。

不同于科学，作为传统哲学之核心的本体论尝试从普遍性的观念中推导出事物的本质、实质和形式——而理性臆想它是在自己内部找到这些观念的。但是这个世界的结构并不能从任何我们从自己思想中所发现的第一原则中推导出来。没有任何依据可以使人坚信，更为抽象的事物特质就应该被认为是首要的或者本质性的。也许，相比于任何其他哲学家，尼采都更为意识到本体论的这一根本性的弱点：

哲学家的另一种特异体质危险性同样不小：这就是混淆始末。他们把那最后到来的东西——可惜！因为那根本就不该到来！——把那些"最高的概念"，这就是那些最普遍的、最空洞的概念，现实那蒸发着的最后的雾气，作为开端设置在开端。这又是他们进行崇拜的表达方式：高级的东西不允许从低级的东西里长出，根本不允许长成……教诲就是：所有第一等级的东西，必须是其自身的原因。源于其他被视为异议，视为价值的不可靠。所有最高的价值均隶属第一等级，所有最高的概念，存在者，绝对者，善，真实，完美——这一切不可能是生成的，也就一定是其自身的原因。不过，这一切也不可能彼此不同，不可能自相矛盾……由此他们有了自己那令人吃惊的概念"上帝"……那最后的，最单薄的，最空洞的东西被设置为起始，自因，最最真实的存在者……人类当初该认真对待病蜘蛛的脑疾！——人类曾为此付出了沉重的代价！①

为什么逻辑上的优先性或者更普遍的特质就要在本体论层面被赋予更重要的地位？概念在普遍性的排序中所占据的位置反映的是人们对于自然的压迫，而不是反映自然的结构自身。当柏拉图和亚里士多德根据逻辑的优先性来排布概念，他们与其说是从事物隐秘的类同关系（affinities）中推导出来这些概念，还不

---

① 《偶像的黄昏》(The Twilight of the Idols)，见《尼采全集》(Complete Works of Friedrich Nietzsche)，奥斯卡·列维（Oscar Levy）编，纽约，1925 年版，第 19 页。(此处中译文采用自尼采：《偶像的黄昏》，卫茂平译，华东师范大学出版社 2007 年版，第 57 页。——译注) ——原注

如说是不知不觉间从权力关系中推导出这些概念。柏拉图对"伟大的存在之链"（great chain of being）的描述勉强掩盖了下述实情，此即它其实依赖于种种传统的神圣政体（Olympian polity）概念，因而也就是依赖于城邦（city-state）的社会现实。逻辑上的优先并不比时间上的优先离事物的核心更近。将优先性要么和自然的本质等同起来，要么同人的本质等同起来，即意味着将人类贬低至粗鄙状态——事实上权力动机倾向于把人类简化至这种状态，抑或将人类贬低至简单的"生命体"地位。反对本体论的主要观点认为，人类通过沉思在他自己之中发现的原理，以及他尝试去寻找的解放性的真理，并不能成为整个社会或者整个世界的真理，因为这两者没有一个是按照人的形象塑造出来的。哲学的本体论因而不可避免地是意识形态化的，是因为它遮蔽了人与自然的分离，并且维护着二者理论上的和谐，但是这一和谐已经被受难者和被剥夺者的哭声证明，它从任何一方面来说都是一个谎言。

公正、平等和自由，它们也许是文明的伟大的理想，却已然被扭曲，它们是自然对其自身困境的抗议，是我们所仅能拥有的构造出来的声明。哲学对它们应该有着一种双重态度。（1）它应该否定他们的那些想要被视为终极真理和无限真理的主张。无论任何时候当一个形而上学的体系把这些声明展示为绝对的、永恒的原理，它所暴露的就是他们的历史相对性。哲学反对对有限者的崇拜，不仅仅反对简单的政治或者经济偶像，比如国家、领导人、成功或者金钱，也反对伦理的或者美学的价值，比如个人性、幸福、美，甚至是自由，只要它们自诩为独立的终极事物（ultimates）就会如此。（2）应该承认的是，基本的文化理念（ideas）是有其真实价值的，而哲学应该根据它们的社会背景来衡量它们。它反对理念（ideas）和现实之间的裂痕。在其历史语境中，哲学迫使实存（the existent）直面它所主张的概念性原理，从而批判这二者间的关系，并且因此超越这两者。哲学恰巧从这两种否定过程的相互影响中获得了它自己的肯定特性。

在哲学中，否定扮演了一种关键的角色。否定是双重的，即既否定对于普遍意识形态的绝对化主张，也否定对于现实的自以为是的主张。否定作为一种元素存在于其中的哲学并不就等同于怀疑主义（skepticism）。后者以一种形式主义的或者抽象的方式来运用否定。哲学认真对待现存的种种价值，但是坚持认为，它们已然成为某个理论整体中的部分，而这一理论整体揭示出它们的相对性。既然在现存的条件下主体和客体、词与物不能被整合在一起，我们就在否定原理的推动下，去尝试从虚假的终极事物的残骸之中打捞出相对真理。怀疑主义的和实证主义（positivist）的哲学学派不能在普遍概念中找到能够值得被打捞出来的意义。他们未能注意到自己的偏颇，堕入一种不可解的矛盾之中。另一方面，最重要的是，唯心主义（idealism）和理性主义（rationalism）坚持普遍概念和普遍准则的永恒意义而无视其历史变化。每个学派都同样坚信自己的观点，并且对否定之法持有敌意，而任何在发展过程中的任意节点都不会随意停止思考的哲学理论都与这种否定之法密不可分。

针对可能产生之误解的一些警告已经准备就绪。如果说，认为哲学思想的本质或其积极一面体现在理解现存文化的否定性和相对性，这并不意味着，对这种知识的掌握本身即构成了对于这一历史情境的征服。如果这么认为，就会混淆真正的哲学和对于历史的唯心主义阐释，就会忽略辩证理论的核心，也即忽视了理想和现实、理论与实践之间的基本区别。对于智慧的唯心主义式认同无论其如何深刻，使自我的拔高如何得到实现——精神和自然之间的调和，都不过是通过使自我和外部环境分离而使得自我的内容被掏空。那种只盯着最终解放的内部过程的哲学最终将会成为空洞的意识形态。正如前文所述，希腊化时期专注于纯粹的"向内转"，使得社会成为一种权力利益的丛林，这破坏了作为内在原理保障前提的所有物质条件。

行动主义（activism），尤其是政治上的行动主义，是刚刚所界定的所谓"实现"的唯一手段吗？说出这样的话我有些犹豫。这个时代，行动不再需要额外的刺激。即便是为了最优的可能的目的，哲学也决不能被转换成宣传。这个世界的宣传已经太多了。除了宣传，人们认为语言不应该再意指其他内容或者为其他内容服务。本书的某些读者可能会认为，本书代表了一种对抗宣传的宣传，并且把其中的每个词想象成暗示、标语或者规定。哲学对发布指令并不感兴趣。知识界现在的情形是大感困惑，何以这一陈述自身可能反过来被理解成是在提供愚蠢的建议，以便反对执行任何指令，即便这个指令可能会拯救我们的生命。事实上，它甚至被理解成一种专门对抗指令的指令。如果哲学要想被投入运作，它首要的任务就应该要纠正这一情形。反思所需的集中性的精力决不能被过早地导入某种行动主义或者非行动主义计划的轨道上。

今天，即便是杰出的学者都会把思考（thinking）与计划（planing）混为一谈。因为社会不公或者贴着传统宗教标签的虚伪而感到震惊，他们计划将意识形态嫁接到现实之上，或者，他们其实更愿意说的是，通过运用工程学到宗教的智慧，将现实带向离我们的内心所想更进一步。根据奥古斯特·孔德（August Comte）① 的精神，他们希望建立一种新的社会教义，也就是罗伯特·林德（Robert Lynd）② 所写的"美国文化"：

> 如果要让人们做到在个性中富有创造力，就需要在其个性结构中发现并显著地在其中构建一种富有感染力的共通目的的核心，而对绝大多数民众的深层次个性需要来说，这些"目的"是要有其意义的。毋庸讳言的是，神学、末世学以及其他具有相似特征的传统基督教学说都不需要在这样的运作系统中占据某个位置。某一门科学如果认同人类的价值，视其为自身论据的一部分，帮助寻找此种"共同忠诚"的表达内容及表达模式就是它的责任。因为在视线之内别无他物，科学拒绝伸手，从而成为那种坚持过时宗教形式的人的同谋。③

林德似乎在用某种他看待社会科学自身的方式来看待宗教，此即——"在人类为生存而奋斗时，其成败取决于它为人类服务

---

① 奥古斯特·孔德（August Comte, 1798—1857），法国社会学家，被视为是"社会学之父"，也被视为是实证主义的创始人，著有《论实证精神》等。——译注

② 即美国社会学家罗伯特·斯托顿·林德（Robert Staughton Lynd）（1892—1970），著作有《为了什么的知识——社会科学在美国文化中的位置》（Knowledge for What？The Place of the Social Sciences in American Culture）等。——译注

③ 《为了什么的知识》，普林斯顿版，1939 年，第 239 页。——原注

的能力"①。宗教于是就成了一种实用主义事物。

　　除了他们的真正的进步之精神，这批思想家们忽视了问题的核心。新的社会"教义"甚至比基督教运动的复兴更为无效。从其传统的形式来说，或者说作为一种不断发展的社会崇拜，宗教是被——如果不是被广大民众也至少是被它的官方发言人——视为一种工具的。它不能通过传播对现在或未来之社群、国家乃至领导人的新的崇拜来获得其重要地位。它寻求传递的真理已经因它的实用主义目的而做出了妥协。一旦人们开始以所谓"深层次个性需要"、所谓情感饱满的公共情绪、或者所谓经过科学考验的人类价值来谈论宗教上的希望和失落，宗教对他们来说就是没有意义的。即便遵从霍布斯的对策，让宗教教义像药片一样被吞咽下去，也几乎是无所助益的。推荐性的语言对它所试图推荐的事物并不负有任何责任。

　　哲学理论本身并不能使得野蛮化倾向或者人文主义前景在未来流行得以实现。然而，通过对于在特定历史时期支配现实的充当绝对者（absolutes）的各种想象或理念——比如在资本主义时代占据支配地位的"个体"理念——做出公正评价，以及对历史进程中各种被降级的想象或观念做出公正评价，哲学可以说能够充当一种历史的矫正物。过去历史阶段的意识形态并不能直接等同于愚蠢或者欺骗——法国启蒙运动的哲学认定封建时代的思想就是这样。社会学或者心理学对于早前历史中的信念的揭示将不同于哲学对于它们的谴责或者压抑。尽管在当代背景下它们丧失了权力，它们仍然揭示了人道（humainty）的当前进程。在发挥

①　同上书，第177页。——原注

这一作用的过程中，哲学将要充当人类的记忆与良心，因而也就使得人性的进程免于和精神病院病人无意义的、循环式放风时间相类似。

今天，朝向乌托邦的进程被堵塞了，主要是由于占据压倒性优势的社会权力机构的体量和原子化大众的体量之间陷入完全不成比例的失衡。其他的每一种事物——四处弥漫的伪善、对于虚假理论的信仰、思辨性思想的挫败、意志的衰弱或者在恐惧的压力之下意志转向无尽的活动——都只是这一失衡的征候。如果哲学能够成功地帮助人们认识到这些因素，它将会为人道作出极大贡献。否定之法，亦即对于使人类受到极大伤害、阻碍人类自由发展的一切事物的谴责，建立在对于人的信心的基础之上。所谓建设性的哲学可能会被指出完全缺少这方面的坚定信念，因而也就缺少直面文化溃败的能力。在它们的观点中，行动代表的似乎是我们永恒宿命的实现。既然科学已经帮助我们克服了对于自然中的未知的畏惧，我们就是自己一手造成的社会压力的奴隶。我们被召唤着去独立行动，却哭诉着向模式、体系和权威寻求帮助。如果说通过启蒙和理智的进步，我们所指的是将人类从对于邪恶力量、恶魔和神话的盲目迷信中解放出来——简而言之就是把人类从恐惧中解放出来，那么，对与现在所谓理性的谴责就是理性所能够给予的最大的贡献。

附录一　人的概念^①（1957）

　　在当代哲学家讨论到"人"这一问题时，他们几乎很少不注意到，根本性的哲学问题，此即"存在本身"的问题，是和"人"的问题密不可分的。至少在近期的欧洲，包括存在主义在内（存在主义即关于具体存在的哲学），哲学的特征在于如下事实：关于"存在本身"的学说，如果不是在客观层面产生，那么无论如何是要在一种反思的过程中产生，而且只有在取得一种对于人的洞察之后才能产生。

　　如果不是因为其他因素，这样一种事态似乎要归因于问题本身的性质。一方面，人这个认识者自己即是整体的一部分，是这个世界以及这个世界所包含之一切的一个部分。因此，他在自身内部即能够感知到那必须以哲学方式面对的"存在"，这种感知

---

　　① 该文选自英文版《工具理性批判》（*Critique of Instrumental Reason*，Max Horkheimer，Trans. Matthew J.O'Connell. London：2012）第一章，该书与《理性之蚀》的关系详见本书后记。——译注

甚至要比在其他地方所得到的更为清晰。此外，对于"存在"问题的理解，以及因此而来的任何答案必须满足的条件，以及这些答案事先所受制约的条件，都要求人进入他自身内部，特别是要进入他自身的思考过程，以及进入哲学化过程的内部之中。在这一方面，最近的本体论哲学实际上在追随它曾经反对的旧式批判哲学的脚步。德国古典唯心论从对于思想的分析开始，从对于形而上学的答案必须满足之条件的严格阐释开始，从对于理性的批判开始。与此相似，当前的主导性的本体论趋势也是一开始就把注意力投向哲学问题的意义，进而投向人，最终投向被认为包含着所有单个现实和提问者自己在内的"存在"。本体论因而在很多方面和德国唯心论存在关联，并且也正在发现了隐藏的"存在"背后的主体、精神以及活动（就像唯心论在不可知的"物自体"背后也有如此发现）。但是，今天的问题和答案的基调已经不一样了，因而值得我们费些时间去简要地对其加以阐释。

康德把对于人的关切简化为三个问题："我能知道什么？""我应当做什么？""我能希望什么？"① 第三个问题"同时是实践问题也是理论问题"②，它将另外两个问题包含在内。对第三个问题的考察导向了最高善和绝对正义的观念。决定善恶之别的道德良知真理反对下述想法：现实的当下状态是不可更改的；不该蒙受的不幸与罪行，无论其是公开的还是隐藏的，会成为最终结论，人的自我牺牲行为反倒不会。因此，康德和伏尔泰及莱辛一样，假

---

① 康德：《纯粹理性批判》（*Critique of Pure Reason*），米克尔·约翰（J.M.D. Meiklejohn）翻译，纽约：达顿（Dutton）出版社 1934 年版，第 457 页。——原注

② 同上。——原注

定了存在的永恒性。在康德哲学中，对于超验世界的假定和对于内在世界的判断是完全一样的，两个世界之间起到协调作用的既不是信念也不是内在性，而是人类生活本身。现实似乎不能承诺，人类对它提出的要求都能实现，但这并不意味着，"在它可能符合所有伦理法则"的世界的观念——换言之即事物的公正秩序的观念——"（不）可能，并且（不）应当，对于感觉世界产生影响，只要尽可能让它和自身相符"①这就是人的自治的结果。康德确信，正确秩序的实现，以及矛盾的消除，属于无限的、可理解的世界，而这一信念是为了给有限的世界带来改变。敦促人们前行，并且指导人们的行动，这一希望就是康德体系中的一个基本要素，并且不单单是在认识论上，即便是在最为精微的超验分析中，也发挥着作用。

因此，在对人的批判性的视野中，道德秩序的观念，以及构想出一个人类的优良品质和幸福不仅并置更是必然相连，且不再存在不公正的世界，这二者都扮演重要角色。按照康德的自述，卢梭"纠正"了他，并且"如果他的思考不能够对重建人类的权利有所帮助的话"②，他会认为自己甚至"不及一个普通的劳动者有用"。就这一点而言，他是一个典型的 18 世纪的人。激进的启蒙运动给当代哲学带来的尴尬，在阐释康德时对他的基本要素的忽略，在过去数十年中"以深度实现了肤浅"（正如一个黑格尔主义者所指出的那样），以及从批判到实证立场再到具体化的过渡，

① 康德：《纯粹理性批判》，同前引，第 458—459 页。——原注

② 《康德手稿遗存》（Kant's handschriftlicher Nachlass），收录于《康德文集》（Kant's gesammelte Schriften）（学院版）（Akademie Ausgabe），第 20 卷，第 44 页。——原注

以上种种都是倒退而非前进的证据。

在康德之后的历史阶段，对世界的理性化管理所需的物质条件发展到了一个不可思议的程度。然而，继承了这些推进后的条件的人还远不能完成一个康德式的结论。相反，他们已经开始以一种不同的方式来言说"人"。在启蒙的时代，败坏的良心驱使着种种体制采取恐怖手段，而自由思想正是作为一种力量，冲击着这种体制愚蠢的坚实基础。正是这种力量，让资产阶级自我觉醒。与此相反，在我们时代，广泛盛行的感觉是，自由思想是无助的。对自然的支配并没有给人类带来自我实现。与此相反，现状继续施加着它的客观强制力。当代形势中的种种因素，比如人口增长、越发自动化的技术、经济权力以及由此而来的政治权力的中心化、在工业之中工作导致的个体越发理性化，这些都在给生命施加某种程度的组织化和操纵，使得个体只有足够的自发性，把他自己抛掷到某个为他定制的轨道上。

因此，如果"人"这个词仍然具有某种更加深远的意味，它并不意指人的权利。以往的那种理性的理论是建立在一个不可动摇的信念的基础上，它坚信一个公正的世界仍然是可以被创造的，现在"人"这个词并不代表这种理论。无论人如何受到现状的重压，"人"这一词不再表达一种能够抵抗现状的主体的权力。和批判哲学的语境差异极大的是，今天言说"人"就是介入一种对于人之根基的无止境追问，因为在本体论哲学中，根基提供了方向，此即在对于人之形象的不停探寻中提供方向和指导。这些探讨"人"的发言者不停地向人们挑战，向哲学家、社会学家、经济学家们保证，尤其是向经济和政府的代表们保证，"一切事物都建立在个体的基础上"。如果说这些言说者并不只是在简单地寻找一些掌控自身工作的、符合条件的年轻人（尽管这么做很合理），他们的头脑所考虑的（尤其是在欧洲），其实是能站出来挑战体系的强大"个体"（有一期杂志告诉我们，今天人们普遍发出一种渴求"个性"的声音）①。这样的个体会是一种象征，象征着"此种个体能够存在"这一事实。然而我们必须注意，当人被视为一种精神存在而不是一种生物物种时，他就总是一种具体的个体，而不是一种被剥离了阶层、等级、国家和年龄的无维度抽象物，就像那些坐在反理论的列车上的人们所主张的那样，这就是具体现实。现在，那些规劝我们的人真的认为，一个个体真的可以逃脱那种自童年即压制他并给他打上烙印的那些客观力量吗？他们是否认为，任何一个仍然有能力抵抗的个体会使自己被所谓真实可信的欺骗性图像所引导（即便他是在睡眠之中），而不是被自己对自身所处真实关系的洞见、被自己对所有生命的统一性的认识，以及被那种认为万物都应走上正轨的渴望所引导？

如果承认人是抽象的，好像他可以避免隐藏在我们的经济奇迹背后的邪恶，这种说法就像是一种推诿，也像是一种安抚。在不公正和更复杂的生存条件之下（尽管生活标准和生活期待正在提高），**身体**痛苦更艰难、更无保障，却因为将其归因于"重要的是个性"的观点而得以化解。**精神**痛苦则通过召唤过去和现在的人物来缓和，通过那些人物的现身证明，人仍然可以成为真正的"人"，而不是其不愿归属的那个"大众"的一部分。对真实的、可信的"人"的吁求就是对于模范和样板的吁求，很多时候

---

① 参见尤金·安德森（Eugene Anderson）：《捍卫工业主义》（In defence of Industrialism），刊登于《第欧根尼》（*Diogenes*）杂志第 11 期（1955 年，第三季度）。——原注

往往就是对于父亲和领袖的吁求。与理论相分离的概念构想如此易变，以至于只要政界明星或者电影明星能够借助宣传的帮助，溜进它的防线之内，就能够轻易地把这样的概念催眠。所谓的"可信的人"，几乎成了被物质化为那些平庸哲学家们研究主题的一种存在，只不过成了那些无法触及自身的私人生活、无法触及自身决定和无法触及内在力量的人去填充梦想的一口空井。在一本典型的颂扬存在以及颂扬探讨存在之思想的著作中，我们读道："如果一个人发现他自己陷入功能世界中，无论这是有机功能、精神功能还是最大意义上的社会功能，在最广义的层面上，他就会从自身深处体验到'存在'的必要性。"① 这种哲学家的模糊的深刻性，以及在程度上毫不逊色的那种"人将拯救我们"的观念，把人们的注意力从真实的总体性中转移开来，忽略其中的不公正，忽略社会和个体之间的或显或隐的多样化互动（这些个体乃是被社会所决定，反过来又决定社会），从而把注意力转向那种真实现实的充满希望的符号。因而，这个符号很容易地由各个伟大的历史阶段赋予它特定的意义。对于这个目的，神学的不确定性程度还是不够的。隐藏在存在和具体实存的背后的神和人的观念所携带是其传统的意涵。即便是唯心论者所设想的有限和无限之间的关系，也仍然保留着一种乌托邦的因素，而这种因素已经在存在与具体实存之间的关系中消失不见了。

理论的反思能够帮助人们摆脱这种人类学的或存在主义的误导。所以人们需要的是与伟大的哲学家交谈。比如说，我想到了

---

① 加布里埃尔·马塞尔（Gabriel Marcel）:《问题之人》(*Problematic Man*)，布莱恩·汤普森（Brian Thompson）译，纽约：赫尔德（Herder and Herder）出版社，1967 年，第 139 页。——原注

黑格尔的《精神现象学》和他的《逻辑学》，他让我们意识到自身对于孤立、独立之存在的迷信，意识到对于直接经验绝对化的迷信，意识到对于存在以及一切声称自身即存在之事物的迷信。人们真正进一步需要的是神学传统的知识，因为我们对人类自由与其条件之相互依存的理解，以及对康德主义式希望的理解，其历史根源正是存在于那种传统之中。人们同样需要的是充满矛盾的"身体-精神"这一"整体"，以及社会和个体之间的相互关联（"身体-精神"的"整体"是作为其部分而存在）。那种将抽象存在及抽象的人之概念宣称为具体现实的信念乃是依靠教育的堕落而存在。相反，富有生产性的否定在其每一个点上都依赖于坚实的教育。除非过去和现在的几代人获得的知识能够一直得以存在，否则就不能在不陷入虚假的情况下而与之抗衡。

在下面的几段中，我将主要试图阐释的会与我上面所提到的关于人的内容形成对比，我将要阐释社会和个体之间的彼此影响意味着什么，阐释一种相互作用，在这种相互作用之中，如今社会及其机构对个体施加了更大的压力，远超过个体对社会的影响。如果有一种知识认为，人的存在必须由社会和历史所中介，但这种认识并不能为倒退带来合法性，因为它的反面也同样是正确的：历史也同样与人紧密相关的。如果人们还没有完全认识到这样的依存关系，那这一情况就会一直持续。宿命论，或者说对于人决定自身命运或干预事件进程的能力的绝望，更多是出自一种关于存在之言论中的阴郁色彩，或是出自一种关于假定本真性的极端化、无根基的观念，而不是出自一种批判性的意图，此即一种去理解出于善与恶而形塑人、驱动人的影响力的意图。

社会对于个人的作用从他出生时就开始了，甚至更早。毋庸置疑的是，母亲的健康和抚育无论在身体还是精神层面对于一个孩子的将来而言意义重大。如果在更大的维度上衡量，这些因素又取决于国家的财务、科学的现状，以及父母的社会地位。在出生的几个月之后，母爱——每个人都在谈论它但其实很少有人能有一种精确的方式去描述它——是决定性的。母爱并不是简单地体现在一种感觉甚至是态度上，它也需要以一种恰当的方式表现自身。幼童的健康以及他对于身边的人和物的信任，很大程度上取决于来自母亲（或母亲的替代者）的平和但有活力的亲密、温暖以及微笑。在照顾幼童的那个人身上的冷酷、冷漠、粗鲁的姿态、躁动不安以及不愉快都会给幼童与物、人及世界的关系上带来一种恒久的扭曲，并且塑造一种缺少自发冲动的冷酷性格。早在卢梭的《爱弥尔》或者约翰·洛克的作品中，甚至更早，这一点就已经被认识到了。然而，只有在今天，人们才开始理解我们所谈论的关系中的种种因素。一个被各种操劳和事物所烦扰的母亲，她所给予孩子的影响，是不同于她自己所想要的那种影响的，这一点不需要社会学家的指点就能被人认识到。

在初生的第一年里，在一个人能够反思并且将其自己与周边环境合理地区分开来之前，他就已经很大程度上被社会决定，直到他生命后来才发展出来的那些方面也受此决定。因为，作为生物的每个人所发展出来的那些能力中，其中就有同化与模仿的能力。他的行为与姿态、他的声调、他的步态，都是在童年他所爱和所慕的某个成年人的举止的回响。形式层面或者内容层面的心理反应就从中习得了。如果说，在针对艺术作品的分析中，形式和内容被严格分离开来会造成问题，那么对人的感觉的分析中，这种分离所造成的问题将会更加之大。在行为和姿态的重复中，悲伤和快乐、关注的寻找与被给予、羞怯与热情进入人的存在，正如歌德所说，"外在即内在"。我们所轻率地归因于"心理遗传"的东西其实在根本上是源于最早期童年时的印象与反应，并且在随后的时光中被周边的环境和事件所确认及调整。一个人是否专注于自我的提升，他是否能够对客观情况葆有兴趣，以及他是否能够对人和事尽心竭力，以及他的思考和他的感觉能力是肤浅的还是深刻的，所有这些都不是一个简单的自然事实，而是一种历史的产物。孩子父母的社会地位以及他们的相互关系在此过程中发挥着作用，同样发挥作用的还有家庭的内部和外部结构，乃至整个时代的风气也起着间接的作用。个体的性格特征取决于他的时代、所处地点和周边的环境，以及取决于他自由或被奴役的政治地位，以及他的宗教信仰，其程度毫不亚于这个个体所说的语言对于形塑其本质、影响其思考的作用。

古典的德国哲学早就非常清晰地阐释过个体存在的非独立性："要想有一个个体，就会需要其他似乎同样有自身独立存在的实体。只有通盘考虑这些情况及其相互关系，这个概念才能真正得到实现。这样的个体并不会符合它的概念。"[①]换句话说，个体只有在作为他所属之整体中的一部分时才能是**真实的**（real）。他的基本的决断、其个性与爱好、其嗜好，以及其世界观，这一切的根源都在社会之中，以及在其社会命运之中。在某个既定的时刻，一个社会到底在何种程度上符合其自身的概念，乃至因而在何种程度上符合理性，仍是一个显然未被解决的问题。

我们这里所谈论的"整体"并不是静态的，而是受内部运动

---

① 黑格尔：《百科全书》第一部（*Enzyklopädie I*），第 213 号。——原注

影响的。20 世纪初，资产阶级秩序发生了转换（彼时这一秩序仍处于半自由的阶段），转向了工业力量控制一切的阶段，在此之中的人的转变也变得完全清晰了。儿童在一个完全不同的家庭中长大；如果由众多主动行事的独立企业家所构成之阶层作为成长环境的决定性要素，他便会成为不同于现在的那个人了。儿童现在获得了一种不同的自我意识。在未经触动的资产阶级家庭中，父亲既是被爱的人也是被害怕的人，这一事实并非只是对他作为生殖者乃至作为供养者的角色有意义。更准确地说，在维持自己在社会中积极角色的延续上，他反而要依靠自己的儿子。在有影响力的圈子里，年轻人是继承者，他注定要从他父亲手中承继产业或者工厂，就像他的父亲也从他爷爷那里接手一样。至少这个年轻人必须承继一个符合他社会地位的职业，因而也将荣耀带给他的名字。干涉自己的儿子，诚然可能把一个父亲转换成一个暴君，但也是父亲作为资产阶级一员有效发挥作用的基础和结果。

在现阶段，教育不再是为了实现通过孩子去延续父辈生活这样的狭隘目的，而趋向于代之以一个更为宽广的目的，此即制造出在当代生活的竞争中能捍卫自己的成功个体。父亲不再从孩子的特殊的未来之中为自己找到一种支撑。当我们观察到资产阶级残余在消失，以及个体主义的企业活动的影响力正在减少时，这一点显得尤其明显。今天具有代表性的社会类型是雇员阶层。他和他的孩子的关系更加像是一个经验更为丰富的年长伙伴和一个年轻人之间的关系。在一些发达国家和发达的社会阶层中，严格要求正在被与教育新思想相关的宽容和自愿所取代。社会的变化意味着即便是母亲越来越多被推入家庭之外的工作之中。这当然会在心理能力和兴趣上对她提出新的要求。在 19 世纪，上层社会的家庭保证了一个悠长且受保护的童年得以存在，并且作为一种封建等级制度迟来的反映，环境顺利时，这样的家庭会带来安全感、方向感和信任感的提升，在不顺利的情况下，则带来父母专制和子女怨恨的上升。但是，今天的家庭总体上已经使其很多余下的职能交给了其他机构或整个社会。

今天的年轻人离开家庭时是一个更少受束缚的人，但是他也为此付出了代价，也就是丧失了一种在漫长童年的互动中发展起来的内在性。在这段此前的日子中，父亲很大程度上来说是一个自由人。当然，他在社会中行动的结果很大程度上并不仅仅取决于他个人。但是，至少没有其他的意志——不管是来自一个领导者还是来自一个组织——去替他做决定。只要他在法律的边界之内，他就不屈服于任何一个人，并且只对他自己的意识负责。他是他自己的主人，并且正因为这一点，他的管理就没有必要采取一种暴政的形式。在有利的环境中，他在孩子那里就成为自主、坚定、克己和宽广思维的典范。他因为自己的缘故会要求孩子诚实、勤奋、可靠，有求知的敏锐，热爱自由且谨慎，直到这样的态度完全内化于这个孩子，变成其自身良知的规范声音，最终在青春期的冲突中，使他与父亲发生对抗。今天的孩子更多的是直接被扔向社会，童年被缩短了，结果就是以另一种方式来塑造一个人。因为内在性已经凋零，做出个人决定的快乐、文化发展的快乐和自由运用想象力的快乐，也都随之而去。成为今日之人的标志的是一些其他爱好和目标：技术专长，沉着镇定，掌控机械的快乐，需要成为被选为典范的多数派或组织中的一员，且认同他们，并以其规定取代个人判断。建议、对策和指导模式代替了道德本质。

　　个体中存在的变化不过是社会变化的另一面。不仅曾经赋予资产阶级家庭统一性的基础已经过时，这种家庭所培养出来的特定素质的意义也已不复存在。在威廉·麦斯特的时代①，无论是就国内还是国外而言，大型企业商人和他的"商业伙伴"之间的特定关系包含着一种文明交换的重要尺度，其重要性不亚于过去时代的委托人和律师或者委托人和医生之间的关系。与此类似，一个普通平民曾经也希望学术界的人不是成为一个专家，而是一个更有学问的咨询顾问，一个在人文方面比他自己优越的人。但是，劳动分工很长时间以来已经更为复杂化，生活已经被更为严密地组织起来，在我们的世界，国与国之间、阶层与阶层之间的文化差异已经被夷平，以至于没有必要通过大范围内的教育来弥补其中的鸿沟。公共关系和私人关系一样，已经成为一种专家的领域。在 18 世纪，人们几乎很少专门讨论如何与人打交道，而在 20 世纪，各行各业都忙于这类事务。个人的观点和信念，以及一种普遍而差异化的教育，也慢慢不再有用。然而，一旦实际兴趣在保护文化要素方面的动力消失，与之相应的人类性格维度也会消失。正是因为这一点，反对大学沦为职业教育机构的斗争必然会失败。教育曾经由自觉的社会需要所支撑，然而现在退化成了高等的精神准备，一种由录音带和平装书施加影响的、通往大众消费的智性预防术。教育以一种缩略的或者未缩略的方式——被编辑、被录制、被配音，正在被提供给更大范围内的多数人，但是，它正在经历一种功能上的急剧转变，就像是城里女人的长袍，一旦由城里女人的仆人和侍女带到了乡村，也就成了

---

　　① 威廉·麦斯特的时代，指歌德的成长小说《威廉·麦斯特的学习时代》，该书反映的是 18 世纪后半叶的时代情况。——译注

农妇的礼服了。古典文化和欧洲文化，当其被人文主义及德国唯心论意义上所规定的个体培养和个人培养所吸纳，即被一种适合于技术化社会的感觉模式和行为模式所取代。

如今，年轻男性和女性本质上与 20 世纪初期的情况有所不同，这种认识似乎相悖于"人的决定性因素不会改变"这类见解；也就是说，无论外表如何变动，本质不变。然而，事实上，关于人是一种理性动物的古老原则，是"灵魂和肉体的复合体"①，以及整个与之相伴的传统人类学，都还没有失去其效力。但是，它们的意义是有所差别的，这取决于个体的本质属性和表面特征之间的差别是根据辞述逻辑还是辩证逻辑被甄别出来。当你想要拯救概念的永恒性时，你当然可以把每一种本质特征及其知识表现都转换成某个"种类"（genus），这个"种类"可以衔接万象，以至于即便是面对着所有划归于它的那些现象（只要是属于后者的个体性存在或者个体性特质），它仍然保留其有效性。作为一种调节，你可以在中间插入一些新的类别——比如像斯克塔斯（Scotus）那样巧妙地插入各种"此性"（thisness）——因而就能够建构一种从理想的本质转移到易变的现实的分类机制。伴随着人类特性的意义和内容与其相绑定，社会整体中的每一种变化都将会需要心理学上的，甚至是人类学意义上的新的"亚种"或者新的"变种"，就像是过去的分类科学所使用的"标本抽屉"体系一样。在时代变迁中保持不变的仅有少数情况，比如那些难以忍受的生理痛楚，或者是人类所处的极端情境，此即当其被从

---

① 托马斯·阿奎那：《神学大全》（Summa theologiae）第 Ⅱ 部：人（Ⅰ，75—83），蒂莫西·萨托尔（Timothy Suttor）译［纽约：麦格劳-希尔（McGraw-Hill），1970 年］，第 19 页。——原注

社会导向的精神存在之中逐回自然存在的情境。

与这样的统计学构想不同的是，另一种观点认为可以这样看待某个既定的社会阶层和时期的人，以及他的所有特质，即从原则上来说，针对他和他的特征的定义在面对各种可能的乃至必要的变化时，是完全开放的。无论历史从何种程度上来说取决于顺从的或者反抗的个体、统治者还是被统治者、胜利者还是牺牲品，有一点是真实不变的，即人类的构成都是他自身历史的产物。从最为深层的意义上来说，这一构成是和自身所属的生命和文化形式相关的，即便它无论如何也不能被简化为这些形式。只有当属于社会的理性自发性成为一种个体实存的显在原则时，社会整体作为一种外在力量——这样的外在力量又标志着组成社会的个体的存在——才不再发挥作用。卢梭和黑格尔在"客观精神"（Objective Spirit）中、在社会和国家中发现了"第二自然"（Second nature）。如果说这样的"第二自然"已经从自身中脱去了属于"第一自然"的非理性，那么它不足以使人从中认识到自己。这样的认识还必须是被合法化的。也就是说，只有当社会完全实现了康德的愿景，它才是理性的。

当这一情况发生时，人的属性受制于一种外在于它的整体力量。这样的整体控制着男性和女性之爱的变化，其程度完全不亚于它对童年之意义的控制。资产阶级家庭的女孩曾被要求为她的未来丈夫守护家庭，乃至给他传宗接代，这样的事实决定了她所受教育和道德训练的内容和意图。它也同样决定了她对于幸福的期待和自我意识。它也一样规范着她的行为。但是，即便在现代时期，年轻女性的权利得到逐步拓展，她也依然没有成为真正意义上的自由主体。从古希腊哲学一直到德国唯心主义都已经表述过这一境况，都在替这一境况辩护，都认为女性并不是完全成熟和负责任的存在。自亚里士多德之后，重要的经院神学家都把"一个妇女的生育"归结为不利的因素，无论是"缺少活动能力还是物质上缺少准备"，抑或是"某个外在条件的结果"[①]。男性是完整的存在，女性则是"半成品"的男性，是一种次等的男性。无论社区有多么的完善，妇女的美德只使她更加适合服务别人。这些美德使得她和男性关联起来，只有通过男性，她才能够对公众生活施加影响力。

因此，那些标志着我们文艺复兴以来之历史的冲突已经决定了女性的特定本质，此即按照康德的观点，她不能够选择自己的丈夫，也不能够"违背父母的意愿"嫁人。[②]她的本质与男性不同，不是由劳动力市场中的活动所决定，也不是根据家庭之外的环境所调整。虽然无法证明她所承担的被动角色是必要的，但这一角色也使得她免于沦为"物-状态"，因而在一个邪恶的社会中，这一角色可以代表另外一种可能性。在从旧时的奴隶制到新社会的过程中，她可以被视为是象征着一种躲避功利计算的自然。无论是对抗社会还是顺从于社会，这样的元素都决定了资产阶级时代女性的形象。通过放弃对个人生活的关怀，以及在忘记自身的同时追随男性，年轻女孩达成了自我实现。一个年轻女孩，即使被教育乃至注定去服务于人，但也会为了爱情的缘故，去违背女性可能无条件接受的家庭和社会的责任，她能够在与社

---

① 托马斯·阿奎那：《神学大全》第13部：人类按照上帝的形象创造（I，90—102），埃德蒙·希尔修道士译（纽约：麦格劳-希尔出版社，1964年），第165页。——原注

② 《康德手稿遗存》同前注，第20卷，第8页。——原注

会陈规对抗中与人相爱，这一能力是年轻女孩的形象、乃至她母亲的形象的主导特质，而不仅仅只是其中的一个因素。这凸显着她的内在本质，同样也凸显了她的外在行为。没有什么诗歌比德国诗歌更为充分地表达了女性的这一浪漫，在其中，死亡的无条件性、不可逆转以及死亡的迫近赋予了诗歌一种甜蜜。

在充分就业的时代，考虑到家庭中所发生的这些变化，朱丽叶、格雷琴乃至包法利夫人在现在不过就是一些怪人而已。一个女性的"失足"已经失去了其戏剧色彩，从而不会把她置于一种无可挽回的境地。这当然并不意味着今天女性的职业前景已经完全和男性等同。今天的社会仍然是男性的社会。这意味着，尽管女性还没有赢得解放，她们可以在我们这个被操纵的社会里作出自己的决定。在现代性所吁求的那些外部形式中，不再是那些曾使妇女免于沦为"物状态"的特质得到发展，而是今天所需要的那些特质得到发展。女性必须赢得对生活的掌控。爱情，不再扮演一种决定性的角色，而是逐渐象征一种同伴关系。在她的生命中婚姻不再意味着一种根本性的变化。把女性与性相等同的情况正在逐步消失。女性正在包括家务劳动在内的各个劳动分工的领域内成为经济主体。因此，不仅仅是原来的社会阶级，甚至是婚前和婚后的状态的差别也越来越小。在婚姻中，伴侣间的关系必须首先以多取得成果为导向，就像是在运动和工业领域内的团队一样。如果一个婚姻变得不堪重负，那就可能会解体，而如果换一个新伴侣一个人可能会变得更为成功。每一个伴侣被都被按照功能的层面来衡量，而这甚至影响婚前的性关系，所以这些关系变得更具一致性，更加实用，也更少地被赋予重大意义。今天我们的机械化的世界正在把人吸收同化于其中，且通过机器和贪婪的精神侵入私人存在，它正在把浪漫爱情悲剧的历史相关性剥除，尽管在今天这样一个草率决断的时代悲剧本身并没有减少。年轻的女性和男性虽然是由于性本能相互吸引，但是在理性的水平上，他们却可以分庭抗礼，并且他们的关系正在带有一种新的特质，尤其是当今天年轻人在社会中的角色越来越重要的情况下。

当技术不断革新，并且正在越发普及时，一种有利于年轻人的经济结构正在形成，同时它也以牺牲老年人为代价。以前老式的商业公司需要的特质是要在长期生活中发展起来的。这一事实决定了普遍意识上的经验被赋予了很高的价值。与此相反，现代的机械化复杂组织——无论它是工厂车间里的物质型还是管理化办公室里的人员型——需要的是精准和体能，而非智慧。在此之外，总体型的自动化需要的是高度发达的能力，而这样的能力只有相对年轻的人才具备，这也代表了公司的一种重要投资。让老人完成必备的训练是非常困难的。当然，在涉及人之关系这一点上，大型公司的统领者仍然扮演着比旧时账房的经理远远更为重要的角色。但是，某种程度上就像是军事指挥官一样，这些人将无数的具体功能交付给一般员工，令后者去关照细节。在一个工厂中，就像是以前在战争中一样，所有的重要的决定都是基于快速决断而非经验。在当下，通过将人力、设备和地形等所有现有数据输入之后，计算机在加以运算后来决定发动一场进攻的时机（想象一下，拿破仑仍然需要靠自己做出所有的判断）。大型公司的领导者们也是从比人更可靠的计算机那里接收关于他们在世界范围内活动的过往总结，也从计算机那里接收关于这些活动未来进程的预判乃至整体经济的预判。民事活动和军事活动、战争与和平，已经完全交合在一起。

那些年老的经济和管理上的主宰者们，尤其是在政治领域，只是一个表面上的反证。今天的经济的特征并不是说老人不再能够在社会中达到某种高度。更准确地说，以发展的尺度来看，年轻人也能够把工作做好，甚至在某些层面上做得更好，而且不少以前由年长者占据的岗位现在正在由技术所取代。前文所说的父亲在现代家庭中的角色变化进一步扩大了经济发生变化所带来的效应。人们结婚年龄进一步降低也体现出同样的发展。今天的经济宣告了人们在更早的年龄独立，尽管这一独立并不是在以往的资本主义意义上的独立。相比于老人们，年轻人还不够成熟，但是他们已经没有幻想，感到迷惘，且非常聪明。如今所发生之事正是 18 和 19 世纪所发生之事的镜像版，而后者也影响了人性的最深层次。彼时，从年轻军事领袖和征服者的年代走向了定居时代，在这个时代发生了一种转换，谨慎、恪守传统，取代了勇气和冒险，成为决定性的品质。[①] 现在，整个过程正在一种更高的层次发生逆转。现在无法阻止这一趋势，就像在殖民北美洲的先驱时代，同样无法阻止年龄更大成为优势。唯一的问题在于，在人类即将进入的阶段中，过去时代的文化特质是否在经历变化的同时，作为未来文明的一部分传承下来，还是只会被淘汰，并在以后重新被发现。

年轻人通过与技术的联盟，重新获得其对年龄的古老优势，这一事实并非意味着一种新的文化品质出现了（如同在经验被看重的时代的那样），而是意味着一种由历史条件所限定，但现在

---

① 参见阿诺·席罗考尔（Arno Schirokauer）的相关著作。——原注

已然无法立足的区分被取消了。清晰与敏锐取代经验，且相比于经验出现得更快，在更早的阶段出现。当理性化得到发展后，对那些曾经需要长久养成的成熟品质的追求变得不那么重要。那些品质正在因为起初导致其发展的那些原则而被牺牲掉，它们现在得到了我们赋予博物馆展品的尊崇式颂扬。现在正在生物学层面使得年龄过时的"化学"只是证实了经济的推动力。这一夷平过程触及了一切事物，甚至强力和软弱也不例外。

就像生命的年龄之间的对立一样，城乡之间的对立也正在减少。众所周知，大规模工业接管市场的步伐在农业领域和制造业一样在继续前进。在欧洲，无数的个体城市相毗连（其实这一现象是落后的），就像是交通路线上的堵车一样，正在阻挡这一进程。然而，即便是小农（仅仅是字面意义上的农民），也和手工匠人一样，从个人经验中学到了，他们出生在错误的时代。政府的帮助，许多农民的富裕，以及各种庞大的农业机构，只能是用来确认：那种城市居民把农民生活和自己的生活相比较，并认为后者才是正确的生活方式的日子，已经一去不复返了。把农业生活歌颂为一种永恒的人类状况，就和在路德号召人们去战斗的时代把同样的生活作为鄙视的对象一样，都是经不起批判的。现在的小农不再希望拥有一台拖拉机，而是一辆汽车。他之所以有此渴望，不仅仅是因为他个人的经济状况决定的，更加是一种将他无情拽入其中的总体生活方式决定的。我们在斯特芬·乔治（Stefan George）的诗歌 [《第七指环》（Der siebente Ring）] 中所看到的那种死寂城市与活跃村庄的图景已然不合今日的时宜（即便曾经符合），因为这两种放在一起比较的事物并不能在一起共存。安静的山谷因为没有风景引人注意，也没有夏日的旅行者来访，其优越性也就只有鉴赏家来欣赏了。这些地点的外观只能在更有生气的乡村青年中唤起其对于城市的向往。另一方面，与城市的接近定下了生活的基调，宁静消失，拥挤的车站指向了来来去去的路线，每个商店都在对标着城市里的同行，每个菜单都在模仿城市里的餐馆，除非有某种世代相传的美味独属于某地，现在被当作是某种特色，只为让旅行者停下来。但是，事实上，你可以在城市的熟食店里短暂停留饱餐一顿更为醇厚的全麦食物；酿造的酒也像人类一样，新近酿造的胜过了陈年佳酿，相比于种植葡萄的莱茵河沿岸，人们可以在城市里更为方便地取用。

在它们的那一边，城市正在变得越来越和乡村难以区分。全欧范围内正在采取的对策是，通过融合，将乡村转化为郊区。用一个专业观察者的表述来说，吐故纳新的欧陆城市正在像巨兽一样吞噬着乡村。城市内部的摩天大楼都被办公机构及其附属部门占用了，人们正在把居住区域搬到更远的地方，喧闹也就跟随着他们。安静成为一种少见的、特别高压的居住地的特权。因为随着新的商业和工厂的增长，对于办公空间的需要也日渐增加，城市的不同区域的特点也处于持续的变化之中。老的街道成为主干通道，私家汽车拥挤于其中，而车主们必须自己驾驶和停车。现在，边缘地带正在处于消失之中，城市和乡村正在相互融合，与此同时，郊区的市场中心正在越来越像是现代化了的乡村，反之亦然。文明总是从城市开始：乡村接受了宗教，也从城市接受了宗教、戏剧和道德的败坏。现在，它已经毫不加以质疑地接纳了报纸、电影、收音机和电视。现在城市要和乡村汇合了。洛可可时代田园式戏剧在今天找到了庸常的对应物，那就是今天的城市青年的极度夸张随意的着装——明亮色彩的衬衣和蓝色牛仔服。

农民们的文明程度越高，那么相应的城市就更加会回归于一种更加粗野的风格。

　　发明机器需要一种专注当下的心态，操作机器同样有此需要，才能够省去记忆以及散漫的想象。在城市生活中的机器丛林中寻路就已无法给其他事物留下时间和兴致。因此，长途旅行、自由运动或者因为健康目的而休息成为放松压力的方式。家庭和工厂把鉴赏力的训练放在重要的直接目标上，即便在所谓闲暇时间，这种训练依然专注于某种目标的多样性和变化的性质上，专注于整合和掌控物质现实。因此，那种应付超出直接处境的经验的能力正在萎缩。正如社会学家们从文人们那里得到的启示：城市整体上促进了宽容和自由。每个个体必须每天都把无数他不熟悉的人都置于他的考虑范围之内，他必须让自己去适应和他们见面，去适应在不凝视他们内在心灵的情况下观察他们，去适应关照他们的利益（即便与此同时自己也在追求自身的利益），这些事实使他总是带有一种紧张的性情，而齐美尔已经在其著作中对这一情形有着精辟的描述。但是，如此情形同样也在消失。在社会流动和社会角色变化如此之快的情况下，每个人必须做好准备，即他工厂里的工友摇身一变成为他的工头，他的供应商成为他的竞争者，他的邻居成为一个政府官员或者成为一个附近街道的监督员。这一情况使他渐渐带有一种陌生人的矜持与怀疑，而这样的特征是以前在乡村生活才会有的。寒暄变得浮于表面，信仰成为一种负担。这时各种机器——录音机、收音机和电视——恰逢其时地出现了，这使得即便是朋友间的言谈也被消除了。它们提供了行为的模板，并且赋予沉默以一种幻象——好像有内容正在被说出。尽管城市居民具有快速思考的能力，却正在失去自我表达的习惯。在言语所传递的内在真实还没有同样枯竭的情况下，它还不能为符号所取代，然而，城市尽管曾经发展出一种与乡村盲目迷信相对立的特定精神，它在最为晚近的阶段同样在促使这种精神萎缩。这又反过来带来一种人格的扭曲。

如果说，不同职业之间的区别、乡村与城市的区别，工作时间和休闲时间的区别、孩童与青年之间的区别，以及女性和男性之间的精神结构的区别正在被拉平，人与人之间也就会在没有趋近的情况下更为相似了。因此，不仅仅是生命的机械化，乃至人们的早婚，都会导致人的分离，而非团结。在康德著作的旁注中有这样的一句评述："有一个妻子的男人是完整的。他把他自己从父母那里分离出来，而现在他只是处于一种自然状态之中。"①康德此时想到的是霍布斯，以及想到那种文明之前人类所特有的野蛮状态，但是这种状态在此后依然存在于文明之中。资本主义社会的婚姻将男人的发散的兴趣集中起来，这就是说，他之所以在家庭之外的生活中去接近他人，更少源自一种加入某个共同体的欲望，而更多是因为在激烈的竞争中是作为某个经济主体而存在。作为补偿，家庭的内部生活，不论好坏，是按照父权制的路线形成自身结构的，并且承认了男人在其中的统治地位。其中的关系就不取决于贡献或者成就。然而，在今天，平等的原则已经渗透到家庭之中，私人领域和社会领域之间的区隔也没有那么鲜明了。女性的解放意味着她必须和她的丈夫处于平等地位。即便是在家庭内部，婚姻中的每个伴侣（这里专门用"伴侣"这个词非常重要）是要按照社会中普遍盛行的标准来进行评价。无论这

---

① 《康德手稿遗存》，同前注，第20卷，第74页。——原注

其中的衡量标准是物质的还是精神的，每个婚姻都是平等个体之间的交换，并且每一方都必须得其应得。因此，当建立在平等交换基础上的文化被威胁的时刻，这样的一种交换成为人类最为紧密之关系的完满规范。个人领域正在被理性化。尽管对于结交的培育在增加，尽管咨询、会议、商业旅行、观光旅游，以及全力以赴组织那些事先大肆宣扬的"会谈"和"见面"，但众多的环境因素正在共同促成个体不再习惯"友谊"。在模式化的微笑和勤勉的乐观背后，孤立正在不断加剧。我们前面已经提到，年轻人，即便是出身上层的年轻人，在更为年轻的时候就被迫去照料自己的利益，因此成为他所追求的目标的俘虏。在过去，富裕的人可以免于责任，不需要担心职业生涯，也不必让一些次要问题成为自己的负担，他们有时间去学习和旅游，而今天的年轻人则必须时时紧盯着自己的外部目标。他被打上了某种特定的流行的严肃烙印，但这一严肃并没有怎么体现出对于苦难和不公的洞察，反而只表现出来想象的翅膀已被折断。今天没有人学会把自己的休闲时间投入某事之上，而是仅仅投入那些被广为称道的"具体现实"上，也就是那些与工作极为类似的"成就"之上：做一些业余修理，驾驶汽车，与机器相伴；即便是老龄之后无须辛苦这样的念头也不会唤起任何伟大的渴望。

　　整个社会通过技术而获取的时间正在为了个体而被提前组织起来。工作日的缩短在美国因为过度拥挤的都市规模而被部分抵消，在德国也因为房屋短缺被部分抵消了。平均每个普通人需要做的工作增加了，不仅仅是因为家庭内部的变化，也因为价格结构的变动。手工制作的小物件相比于大型器具和大规模生产的商品更加昂贵。不仅仅是工人和雇员阶层，（不处于最高级别的）

相对较高阶层的人也是如此：一方面，他们的时间被私人职责和职业职责所占据，另一方面，也被必要的休息所占据。因此，他们正在失去文化所必需的闲暇（leisure）。直到1900年以前，一个雇主仍然可以乘坐不是很拥挤的有轨电车去上班，并且走路回家，在第一次世界大战之前的那段时间，他就得换成坐受雇的汽车了。到了今天，侍女、司机和所有的私家佣人都已经成了只有极少数人才能享用的奢侈品。每个人总是处于一种忙碌的状态。过去，一个病人在深夜倾听着安静街道上的马蹄声知道坐马车而来的医生将来到身边，这样的岁月已经一去不返，现在，医生像个商人一样，坐在他自己的汽车里，一直保持警觉的状态，担心在车流之中自己是否安全。技术所强化的竞争使得医生接待的病人数量增加，那些与他工作无关的念头，不管多么严肃，比如在行医实践中涉及的人际关系的考虑，都必须让步并且消失。

逃向一种更为慢节奏的生活方式，这条路已经被堵死了：对于个体来说，这会让他在经济上无法存活。对于民族来说几乎也是如此，因为任何经济上的停滞、减速，乃至即便只是使那些工厂无法得到发展，都会带来危机、衰退甚至灭亡。舆论的机制——报纸、收音机、电影、电视——必须在他们下班放松时给他们指导，在那些与工作无关的事情上，去替他们承担做决定的麻烦。每个个体的工作性质使得他适应了更为确凿无疑地向符号做出反应，而符号则是他所处的每一种情境中的指导。人们需要指导，并且他们越是遵从这些指导，其对指导的需要就越是与日俱增。结果是，他们对于自然反应越来越无法适应。如果说，机器替人类完成工作的梦想已然成为现实，那么，人会越来越像机器那样行动也会成为另一个真实。乔治·杜哈迈尔（Georges

Duhamel）写道："我们不要忘了，如果机器正在走在越来越像人类的道路上，那么，现代文明的压力就会倾向于使人类在越发与机器相似的道路上一去不返。"[①]

确实，人类发明了机器，但是这并不能改变以下事实，即发明者的智能自身正在越来越像机器的智能，它必须使得自身更加适应那些越发事先精确设置好的任务。每个人都成为孤独者，因为机器能够计算并且工作，但是，他们并不能产生灵感，也不能使自己认同其他的机器。因此，对其所有的活动而言，人类正在越发被动。为了其所有的控制自然的能力，他们在与社会的关系、与其自身的关系层面正在越发无力。在大众的碎片状态中，社会对他们施加作用，而这正是国家独裁者梦寐以求的。"孤立的个体、纯粹自我保护的主体，"阿多诺说，"体现的正是社会最深层的法则，却是在与社会的无条件的反差中体现出来的。那些在他那里得到统一的要素，以及在他那里形成冲突的要素——他的'属性'——同时也是整个社会的要素。孤立的个体在严格意义上来说就是个单子，他反映了带有他的全部矛盾的整体，却未能意识到整个整体。"[②]

人的特征只是反映了一个社会的变化，而这个社会还没有与自身达成和平。社会正在不断被迫去改变自身的形式，并适应新的条件。当下技术能力不断大幅增加，促进了我们社会中的社会阶层、性别、少数群体的平等，在这一情况下，不那么先进的民

①《费加罗报》，1956年9月26日。——原注

② 西奥多·阿多诺（Theodor Adorno）:《社会学与心理学的关系》（Zum Verhältnis von Soziologie und Psychologie），见阿多诺、霍克海默《社会学论文与演讲1》（*Sociologica: Reden und Vorträge 1*），法兰克福：欧洲出版社（Europäische Verlagsanstalt）1955年版，第21页。——原注

族正在外部崛起，他们借助于那些多多少少带有血腥色彩的独裁者的帮助，引进一些更为有效的制度。以前建立在不平等基础上的上层阶层的文化现在必须使自己适应一种新的大众社会，这样的大众社会正在从更为发达的工业国家里扩展到全世界其他的国家。机器正在迫使自我合法化的进程采取一种非理性的形式，这一形式包含了受害者、暴力的反抗，甚至是毁灭的危险。有一些国家，因为特定的驱动原则所致，其盈余即便不是被用于毁灭性武器的奢侈，至少也是被用来促进虚幻的消费，而不是满足真实的需要。然而，在这些国家里，纵使它们取得了进步和无法想象的财富，残酷的生存斗争、苦难和焦虑都在其中占据着主导地位。这就是文化衰败的隐藏原因：人们不能将他们控制自然的力量合理布局于土地，而是必须在环境的强迫下，在无法逃避的操控下，屈从于盲目的个体利己主义和国家利己主义。这就是为什么所有娱乐和教育的机构，包括人的研究在内，都成为一种空洞的活动。这就是为什么每个人都在寻找意义。整体已然失去了它的方向感，并且这个整体在它的无休止的活动中，是服务于自己，而不是服务于人类。甚至，如今已成永久状况的通货膨胀并非是由于表面看起来那样，与其说是因为军事开支的扩张，抑或是因为大众在社会产品上享有的比例正在增加，更多是因为维持权力结构的结果。问题不在于机器。作为科学与启蒙的结果，当然也是科学与启蒙的进一步推力，机器本身是资产阶级崛起的一个因素，并且指向了人的合法状态。机器给予了生产力和毁灭力以一种新的维度，也给予了社会的拯救和毁灭以一种新的维度。机器既驳斥了那些浪漫派批评家，同样也驳斥了那些现状赞颂者，就在几个世纪以前，赞颂者们将实验谴责为魔鬼的艺术，而今天当"文化批评的神话"认为机器会奴役人类，赞颂者们又成为现实主义者，为机器辩护，对抗这一"神话"①。可以肯定的是，如果进步遭到延缓或者挫折，就会加剧物质与精神的悲惨状况，而机器不仅可以防止这一状况的加剧，甚至还可以减轻。人类的力量越大，"所是"和"所应该"之间的张力就越大，存在状况和理性之间的张力也越大。

在历史上的正常时期，现代社会已然摆脱了其更早几个世纪的野蛮状态的很大一部分。曾经，人类所面临的是可怖形态的法庭，这一法庭不过是那种狭隘的、残暴的法官的狩猎场，并且在世俗的以及精神的权威的煽动和帮助下，这一法庭迎合着特权阶层和愚蠢的群氓，一直延续到了法国大革命。然而，在 19 世纪的工业国家之内，这一状况很大程度上被一种法律安全感所取代，而那些伟大的作家以及先进舆论界极力捍卫这一法律。资本主义社会的语境使得一种更为自由的人成为可能，也正因此，使得一种广泛的意识形态国家机器成为必要。

社会的持续非理性正在越发和我们的知识状态不相兼容。人们在存在中所维持的一种不透明整体使其自身陷入无助，这种状态越发令人担忧。所谓的"存在主义"焦虑和我们内在的空虚同根同源：事实上，生命原先被视为是一次逃离地狱、超越星辰并走向天堂的旅程，如今却逐渐渗透到现代社会的国家机器之中。关于这些国家机器，尽管它们产生了巨大的剩余，却没有人知道它们是为了推进人类发展还是导致人类灭亡。在贫穷的持续存在

---

① 参见雷音霍尔德·林德曼（Reinhold Lindemann）:《欧洲的精英阶层是否还存在？》(Gibt es noch europäische Eliten?),《莱茵邮报》(Rheinische Post), 1956 年 10 月 20 日。——原注

之中、在对于痛苦和黯淡晚景的恐惧和忧虑之中，以及在工业发达的国家的野蛮监狱和精神病院之中，进步与非理性的结合表现得再清楚不过。我们必须与那些掌握着我们先进技术资源天平的人们分享盲目，才能不察觉到社会的最内在特性是依赖于外部环境的。针对他所处的时代，康德已经就道德和社会状况之间的内在关联做出了这样的注解："做一个好的普通人和做一个好的王子，前者要付出更多。如果前者没有坏得万中无一，那他已经是一个好人。"[①] 基于同样的道理，我们也可以补充说，依靠福利救济的人，相比于一个有着稳定工作的人，如果想要在道德上和精神上达到良好甚至更多，就像是人们说的"向世界敞开胸怀"，他相比于后者就需要双倍的力量。金钱即乐土。

欧洲退回到一种更为原始的状态，是因为这样一种事实，即人们不愿意为不服务于机器的思考作出太多贡献。在一个充分就业而物价不断膨胀的时代下，节省税金作为一种借口，使得文化开支远远落后于工业利润，以至于任何不是直接与经济和军事相关联的功能——无论是大学、医院还是监狱，只能基于实用的目的支撑一种最为简素的生活方式。改善所需的物质的、智性的因素就在那里，但是人们的心智已经被过于繁重的事物所占据。那些大众舆论的代理者，无论是蹩脚的电影还是人文科学，都已经将现实披上如此厚重的面纱，以至于安居乐业的权贵的生活和奔忙的普通人的生活之间已经出现无法想象的巨大鸿沟，而双方都无法感知这一鸿沟的存在。不管取得了如何的进步，那些大人物生活在恐惧中，生怕自己的好日子稍微变差一点，而当他想到那

---

① 康德：《康德手稿遗存》，同前注，第 20 卷，第 159 页。——原注

些收入比他稍微低一些的人时候，他就会觉得自己是幸福的。跌落到社会之梯的更底层意味着一种完全不同的生活。社会所展现的诱惑使得每个人都喘不过气。

根据（某种被误解的）尼采所述，自然主义的人类学在过去几十年中变得司空见惯，它以达尔文主义的方式提供了一种防范大众社会的安全机制，并且就如同达尔文主义的方式所构想的那样，以自然为依据。它赞扬精英，并且在这方面它可以把古人拉上作为旁证。毕竟智慧的亚里士多德，为了能够保证国家的自足和独立，不希望救助能够无差别地惠及每个人，他还要求弃养有残疾的孩子，并通过堕胎来阻止人口过剩。[1] 他也求助于他的老师柏拉图，后者希望能够让没法医治的病人直接死去。在我们今天的时代，卡雷尔（Alexis Carrel）在他那本广受赞誉的《人，未解之谜》（*Man, the Unknown*）中写道："我们应该……问问我们自己，青少年死亡率大幅下降是否就没有带来不便之处。"[2] "尽管医生、教育家和卫生学家最大程度地投入精力去造福人类，他们并没有达到他们的目标，因为他们处理的是只包含部分现实的图式。"[3] 他不赞成盲目接受科学的所有进步，并且给出了自己的应对之策："发展强者"[4]。他并没有说谁是那些强者，尽管很可能所谓强者就是那些拥有经济和政治权力的人、权贵和独裁者。然而，强者所鄙视的社会恰恰以这种权宜之计为特征，因为所谓强者靠这样的事实生活——其他人其实是孤立无缘的，且很容易被

---

① 亚里士多德：《政治学》（*Politics*），第 7 册。——原注

② 亚历克西斯·卡雷尔：《人类，未知之谜》，纽约，哈珀出版社，1935 年版，第 19—20 页。——原注

③ 同上书，第 26 页。——原注

④ 同上书，第 296 页。——原注

建议影响。

归根结底，那些专注于力量和权力的人类学家，认为人类历史存在着降格为自然历史的危险。人类是一个贪婪的物种，比任何此前的捕猎野兽都要残忍。他以牺牲自然的其余部分来达到保存自己的目的，因为在很多方面自然给予他的馈赠太少了。然后，暴力就成了唯一的法则，用来形成和保护人类社群。一个现代人类学家说，正如历史所表明的那样，保持自己的生存对于任何民族来说都是生活的首要意义。这些自然主义的人类学家都认为自己是小心谨慎地在经验的范围之内活动，并且是坚持分析那些对任何人来说都是可以理解、可以验证的事实和事件。然而，不知不觉间，他们把事实，特别是把作为一种自然力的人，抬高成一种典范，并且宣传整个社会在无须促逼的情况下都极力趋向的一种野蛮。

哲学被禁止借助于这种补救手段。此外，哲学尝试去定义现实，却无法公正地对待积极构想的现实。它宣告自己效忠于某种积极的解决方案，但是只能通过谴责那些使这一解决方案无法达成的条件来宣告。它认同那些实证主义人类学的观点，即迄今为止人与人之间的战争确实是这一种族的特点。但是如果说哲学反思历史进程，那么它必须也像神学一样，坚持指认这一进程的消极面，即它的所有的恐怖和不公。哲学表明，人在面对自己的社会、经济和技术时，是脆弱的，但它可能不会下结论认为，一种更深程度的征服就是答案。它无法规定人类可以如何逃出现状的诱人圈套。它只能尝试着给这种诱惑命名。因而，告诉人类如何去做从而阻止人类衰落这样的问题根本不存在。归根结底，如果认为我们能够打断技术、家庭生活和人际关系的发展，这种想法是愚蠢的。所有这些发展之所以会是今天这样的面貌，是因为发展进程的早期某些时候存在缺陷，而这些发展自身既有力量去解放，也有力量去束缚。但是，或许如果能够准确把握在这种处境中何者为错，也许可以使正确和有效的事物取得路径的突破。

深入洞察到人类处境中所蕴含的苦难，即使在拥有最大权力之处，也能最终有助于将理性带入人类事务之中。因为事实似乎并未充分支持"人们主要关注权力"这一观点。与他们的独裁者形成鲜明对照的是，世界上各民族的人民只是极不情愿地卷入战争。如果他们经常被动员起来去作战，那是因为他们已经通过某种形式的陶醉克服了自己的厌恶感。从根底上来说，人类对"幸福"的兴趣远远大于对"本真"和"真实"的兴趣，即便他们已经忘记了"幸福"到底意味着什么。快乐的人不必变得恶意，才能在面对自己不能理解的事物时而感到安全。这就是剩余经济的真理，它胜过官僚制度的真理。

附录二 封建地主、专家和消费者

——"消费者为王童话"的终结（1964）①

现在，资产阶级社会正进入一个新的局面，这个局面可以被解读为是更加理性的，也可以被解读为是一种倒退，源于封建秩序并在资产阶级秩序中转化到一个新水平的人际关系形式即将被清算。资产阶级文化深受封建领主，乃至最终受绝对统治者的尊严、荣誉及自由的影响；它将这些属性转移到每个个体，尤其是那些曾经富裕的人。艺术作品、语言、个人文化、商业和私人生活中的交往形式，都接管了那个过去社会地位的象征，尽管它们曾拒绝这种区别。自由文明的特点始终如此，即层级和服从是它自由采用的形式。然而，尽管封建时代的荣誉观念继续被资产阶级社会在某种程度上采用和实践，但越是毫不质疑地且深入地展

① 该文选自英文版《工具理性批判》（*Critique of Instrumental Reason*，Max Horkheimer，Trans. Matthew J. O'Connell. London：2012）第八章，该书与《理性之蚀》的关系详见本书后记。——译注

示封建时代的荣誉观念，内在的独立感就变得越普遍，对他人的支配和野蛮行为也越遥远。

古典资产阶级的英国、仇视压迫体制的伏尔泰、出生于法兰克福资产阶级家庭的歌德，他们都想毫不保留地向贵族表示尊重。商人也接受了同样的情况，但是转移到了一个不同的领域。观察资产阶级礼仪的理想场所是市场。实际上，特别是在开始时，劳动市场更多的是弱者遭遇强者，而不是公民与公民的相遇。此外，由于市场（也就是物质商品的买卖）在其他领域也依赖于劳动市场，因此它只能非常不充分地表现出自由人之间的关系。另外，优雅的商店对于有限购买能力的买家来说，比现在更加开放。此外，高雅的商店对于收入较为有限的购买者来说没有如今这样开放。但是，如果这样的人购买了商品，他们会得到服务，而"服务"（Service）这个词所暗指的过去的"仆人-关系"对于简单买卖行为的执行方式也不无影响。

一旦旧制度崩溃，这制度之前的那些代表性人物的举止和思维方式就焕发出新的生机。在新的氛围中，即如在莫里哀在《平民贵族》（*The Bourgeois Gentleman*）中所讽刺的情况，对贵族的渴望变得富有成效。直到 19 世纪末，商业报价的"备受尊敬"的接受者可以确信报价方的"谦卑和顺从的尊重"，这不仅体现在后者的书信风格上，而且体现在他们整体的举止中。交换原则一直以来都调节着平等者之间的和平关系，在正式平等被广泛接受后，它成为文明的原则，这一发展并没有以任何方式影响到它，因为传统的概念和感情被调整，以适应新的生活方式。就像"成为国王的供应商"的理念激励着市民阶层的年轻人选择职业并指引他们前进的方向一样，他们与潜在的顾客（谁又不属于这个范畴呢?）特别是那些已经表明自己是买家的人打交道时，都表现出彬彬有礼的关注。每个雇主都努力向销售员灌输的原则——"客户永远是对的"——实质上源自绝对统治者的时代。出于经济原因，旧的动机继续控制着人们的塑造方式。在商业活动对正确生活模式的贡献这一层面上，无论是有意还是无意，对客户的尊重成为教育的一个元素。孩子不必等到上学或长大成为工作者，甚至在他与父母的早期接触中，他就在根据他作为成年人必须满足的要求来塑造自己。在培养对他人的敏感和他们的愿望的同时，他也在培养满足这些愿望的冲动。

在社会的广泛阶层中，人们习惯性地将他人视为潜在的买家，倾向于服务和取悦他人。伴随着无情的个人生意和商业竞争的是一种适应性（无论这些不同的特征是在同一人身上还是分布在经济中的不同代理人之间）。对于弱者没有怜悯之心；竞争对手是要作为斗争对象的，雇员则是要被剥削的。但是，顾客是要被追求和奉承的。所有这些都是整个社会的典型特征。在只销售一种商品的商店进行买卖的行为，是对更大世界中商业交易的一个适度的象征。友好和专业知识，甚至价格和价值之间的有利比例，都不足以产生最重要的结果。商人出差会见国外的商业朋友，或者在自己的商业场所或家中欢迎他们，必须具备良好的礼仪和对其他语言、国家和风俗的熟悉。为了与潜在买家建立联系并赢得他们的好感，商人需要掌握一切可能的途径。资产阶级文化，像其他任何文化一样，都有其特定的利益基础，即使它不能归结为这些利益。在销售艺术中，当然要考虑到顾客的感受。然而，无论顾客以多么冷静和批判的态度审视商人所提供的商品，销售人员的行为在交易中也不是毫无影响的。根据具体情况，这种行为不仅仅是表面的装饰。即使是街头的普通人，在购买行为中也能体验到自己的一点自由和作为主体的受尊重。

当前正在发生的买家地位的变化——这种变化对于个体的社会生活和自我意识具有决定性的影响——不可避免地影响着人类的构成，因为它不可避免地卷入经济和技术发展中，而这种发展的速度令人眩晕。不断提高的生活水平和先前不属于资产阶级的大部分人口的改善状况正在对购买和销售的机制进行一场革命，即使是在上层资产阶级之间也是如此。即使在日常购物领域，也正在发生一种比左拉在他的小说《妇女乐园》(*Le paradis des dames*）中描绘的从专卖店到百货公司的剧变更为深远的转变。

在销售家庭必需品，尤其是食品的过程中，帮助销售的人有一些必要的任务，但除此之外，他们只是临时替代品，亦即自助服务和自动化设备的临时替代品。对于那些不仅仅是监督自动化的劳动力来说，这在整个经济中都是如此。和以往一样，现在顾客仍然是主体，但他在某种程度上是一个自给自足的主体：他必须快速适应环境，在当前标准化品牌中找到自己的方向，并像在工厂工作一样迅速作出反应。在现代化的商店中，这些商店是经过心理专家组织的，大部分是连锁店，价格和质量是在远离交易地点的地方确定的，基本上不可能讨价还价。在特殊情况下，老式家庭主妇在试用展示的商品时的无奈姿态可能仍然合理，但不可否认的是，这种姿态和她自身一样，都已经过时了。

在相同的价格范围内，各公司产品的质量差异很小；在大多数情况下，一个从一家店跑到另一家店的人只是在浪费时间和精力，无论他关注的是罐头食品还是汽车。商店的关门时间由民事部门所决定，并在大多数国家以几乎军事化的一致性标记出来，迫使那些只有常规时间可以购物的较为贫困的人只能匆忙地完成购物；同样，为了保证闲暇时间得到规律管制，"关门时间"进一步限制了小产权所有者已经微薄的自由。商品的标准化和权力者对提供商品的决定减少了人们对差异的个人判断的需求，这是为了照顾一般民众的利益。注意力被集中到统计数据上，被集中到使用产品的总人数上。这些用户被统计和操纵。某种程度上个体并未完全消失，但他就是一个边缘人物，一个被贬义地称为"顾客"的人。

总的来说，顾客，或者更确切地说是女性顾客（因为女性仍然负责大部分日常用品的购买），可能将自己交付给公司；在有疑问的情况下，公司已经通过问卷调查和统计数据事先预测了她的决策。法律法规、消费者组织，甚至大众媒体在关注工业时，都为顾客提供了一定程度的保护。不久前，约翰逊总统向美国国会发送了一份请求进一步制定法律以保护购买者的咨文。根据这一咨文，顾客必须自行留心的观念已经过时；除其他事项外，精确的标签和清晰、完整的产品描述在都是需要的。每个购买者必须一目了然地看到所提供的商品；标签必须成为一个无声的推销员。出于类似的考虑，德国政府决定设立一个产品测试研究所。个人关系正在从买卖行为中被清除出去。对个体的礼貌行为已不再有空间，因为对顾客的古老鞠躬礼正在被广告取代。后者构成劳动分工中一个特殊的大部门，同广告中所宣传的商品或服务一样，已经被专业化、标准化和合理化。广告的发展加速了它所表现出的垄断过程，并同时使一个重要的社会活动摆脱了对任何个别卖家友好的依赖。

在商业领域或者情感领域，尽管对个体的尊重仍有所需求，但这种尊重是在家庭、学校和职业培训中被灌输的，方式却是计算的、肤浅的和功利的：并非真正的个人品格特质，而只是行动更为审慎的方式。赞美之歌属于广告和橱窗，属于图文杂志或屏幕。相反，在处理客户关系和情侣关系时，主要的想法是要消除所有的废话，直面手头的实际工作。这里的复杂世界变得单一维度和透明。甚至今天的狂热也只是绝望的承认，人们已经不能再相信任何事物。广告已经跟上了时代，成为商业的一个特殊分支，这既是一种进步，也是一种退步。广告经过科学设备的专业规划和专业艺术家和标题编写人员的安排；然而，对其所进行的智力努力是旨在加强对潜在买家的影响，而不是提高产品的真正价值水平。这样的工作是对旧时推销员的事后辩护。他的方法在应对现代公众，无论是在市场上还是在政治中，仍然是有用的。现如今仍然为个体客户提供服务的企业，例如定制裁缝，要么只为富人服务，要么提供的商品往往劣于批量生产的成品商品。

在专业人员的领域，买家至少最初是直接依赖于供应商个人。随着科学和技术的日益分化，专业人员的职能不断增加，并在经济和政治中发挥着越来越重要的作用。从抽象的角度来看，购买者与专业服务提供者之间的关系仍然是付款者和收款者之间的关系，但从心理和社会角度来看，这种关系与过去在市场上熟悉的关系大不相同。专业人员与客户之间的交往，至少让我们想起了封建领主和市民的关系，而不仅仅就像买方和卖方的关系。大众社会的条件，特别是与自由主义时期相比，竞争的强度降低，导致角色发生了逆转。买家必须越来越多地适应供应商，从约会的日期到约会的进行方式，凡事都要适应供应商的要求。

这种变化是由相关情境的性质所决定的。如果一个普通人去找律师咨询，他必须解释自己的案情并提出问题；从那时起，律师会开始提问，而且他越是能干，他的问题就越有深度。顾客提供回答；根据案情需要，他提供证据。对于其他专家来说，情况也是类似的，只要他们对普通公民是可用的。建筑师将建筑承包商视为一个告诉他自己需要什么和能支付什么的外行。然后，当涉及前者可能提出的任何进一步要求的适宜性或时机时，建筑商必须接受建筑师的意见。在房屋建造方面，如果一座房屋不需要遵循预先确定的计划，而可以通过形状和实施来表达建筑师的个性，那么"建造者"指的是委托的建筑师，而不是未来的居住者。这种情况长期以来已被公众接受，因为它源自一种无法抗拒的社会动力。购买行为不再培养资产阶级的自我意识。相反，专业人士的权威正在大规模推动一种在其他领域已经存在的适应模式，即愿意承认并服从那些对接受者来说并不明显的指示。作为先进技能的提供者，专家在市场经济中显然格格不入。一方面，他指向了过去的时代，那个时代只有神职人员才知道如何实现每个人都在努力追求的目标；另一方面，他指向了一个未来，在那个未来之中，一个难以想象的复杂社会机制将在没有摩擦的情况下运作，个人自由和自治的概念将过时且无意义。

专家一直对顾客的概念持怀疑态度。在市场领域中，这种怀疑尤其明显，即在行医医生的候诊室和诊室中，从来没有采用商业术语。然而，如果我们将史诗时代一直延续到世纪之交的医学实践（这个时期为当今的巨大医疗技能铺平了道路）与当代的医疗事业，或者将老式家庭医生与现在人们必须拜访的内科医生进行比较，不同方法和效果范围的根本差异就非常明显了。

医生越负责任和专注，他对自己的处境就会更加感到苦恼。

只有那些命运最宠爱的人才能暂时逃避这种处境的后果。然而，相关的组织——包括医学协会和医学院，以及公众舆论——自然而然只看到硬币的另一面。他们谴责那些听从患者意愿的顺从医生，让自己的内心受感动的药剂师，甚至是不守纪律的患者，后者不遵守医嘱，坚持满足自己作为外行的愿望。在无数反对过度依赖药物的文章中，我们读道："在这一点上，个体确实不再是一个患者，而成为一个顾客。"没错。患者——就像在我们这个被管理的社会中的普遍个体一样——必须做出相应调整；相反，顾客，则认为自己需要服从。

资产阶级世界的封建面貌正在消失；许多因素在此汇聚，去除了社会学家早已描述的发展中的神秘光环。当各种观察工具完善从而导致语言本身失去其表达性质，且令语言越来越多地具有一套符号的特征时，每个个体灵魂的无限意义及其价值的观念甚至也已过时。宗教本身正在适应这些新的环境。顾客失去他的尊贵地位是我们在基督教的顺从态度中看到的同一过程的一部分：在无尽的噪声中变得无言的过程。很明显，人口中广泛群体的物质状况的改善与个体丧失"自己是自由主体"的幻觉密切相关，实际上在很大程度上决定了这种丧失。然而，在当今的个体身上，尽管他更加谦逊和可塑，资产阶级的主体性并没有像早些时候的封建自我意识那样消失。事实上，当代社会中的自我意识直接与归属某个集体有关：年龄群体、职业群体，最终与国家相关。现在正在消失的个体与集体之间的分歧仍然在畸形个体、罪犯和只能通过与其他一切相对抗来彰显自我的人中显现出来。

我们在政治领域尤其能看到水平下降的过程。在资产阶级时期，经济上自给自足的人们曾经相当多，他们对其中的一党表示忠诚，而他们在其他领域所获得的独立感使他们觉得在这里他们也是顾客。他们给予一家或另一家企业优先权，并期望结果。议会代表们的职责是代表他们选区的企业利益，促进低或高关税，维护原材料或成品的生产，轻工业或重工业，并确保各个政府部门的负责人按照这些方针行事。与其他企业一样，政治之店对公众开放。

在英国和美国的候选人竞选之旅以及候选人对选民的个人奉献仍然让我们想起自由民主的类型。在外部的黑暗中是无产阶级，无论他们是否属于一个政党，他们都是一种具有威胁性的、非资产阶级元素。如今，在许多国家，工人是一个强大的力量，他们的领导人与其他人争夺社会产品和最终的政治权力。党员与党派之间的关系以及代表与领导之间的关系（如果我们不考虑经济巨头）是党纪的问题。在政治之中，就像在商品市场中一样，没有人培养个人；心理和社会学的经验使得人群可以被操控。口号是简洁和准确。过去的特征，即商业和政治中的特殊自我意识以及与此自我意识相关的人性特质，无法与其所属的时期的经济限制、贫困化和不公正分离开来。这些特征是一种情况的副产品，该情况下历史进步、工业以及伴随其发展的科学技术一方面依赖于尽可能多的相对独立且竞争的生产者，另一方面，也依赖于饥饿的无产阶级。但是，社会计划得越多，无论是在晚期民主形式还是极权主义形式下，资产阶级文化和感知力离现实越远。

对正在逝去的事物的热爱并不仅仅因为其所属的不名誉整体远未达到公正的标准，就可以被轻易地被看作浪漫主义从而被搁置。没有了记忆，一个正常的局面就不能形成。我们所谓的西方文明仍然认为自己在精神上优于世界其他地区；当然，东方对此提出了质疑。然而，尽管两者的社会情况不同，但它们似乎正在逐渐趋于一致。在西方，规章制度、计划和管理的程度越来越高，而在东方，似乎缰绳有所放松，即使只是偶尔，并且非常谨慎。在资产阶级国家，个人自由正在成为仅仅关乎"自由时间"的问题，而不是以一种质的方式发展。

无论如何，根据东方所引用的理论家们的说法，只有通过共产主义才能创造出自由的领域，而西方一直也理所当然地将其与东方的现行制度形成对比。这个自由领域甚至在资产阶级生活的最细微之处都有前例。忘记或抑制这些前例的记忆将是倒退的表现。文献学和学术史提供了相关材料，并关注了那些可以被记录的事实；此外，在早期，这些学科所涉及的领域比我们现今有争议的时代更加中立。今天即使以本文所述的非科学方式回顾一下顾客在商店中的以往处境，也为我们塑造未来的努力提供了一个微小的细节。若是要讨论有关教育、日常与他人交往、商业方法以及专家与外行之间关系的实际后果，有待再一次的演讲。

附录三　对自由的威胁（1965）[①]

　　我今天的主题是对"自由"的威胁。如果说我阐释这个主题就是为了避免在神学或者形而上学层面反思"自由"问题，而是以一种严格实证的方式处理这个概念，那么敬请大家谅解。实际上，正是神学激励我这么做的。我这里所想到的尤其是福音教派关于"自由"的观念，他们似乎至少在其中某一点，实质上是赞同启蒙运动、赞同伏尔泰的，尤其是赞同康德的。诚然，心灵的思索需要去从超验意义上假定自由的存在，但是，在我们的时空世界之中，探索理性必须寻找人类行为的缘由，并且要将其和宇宙中其他事件同样视为是受到各种条件限制的。其实，上帝"仁慈选择"的学说（宿命论）以及关于现实可理解特性的学说之间是相互关联的。启蒙运动和宗教都认为，经验意义上的人类自由并不是某种无条件之物，而毋宁是一种真正的可能性，可以在给

---

　　① 该文选自英文版《工具理性批判》第九章，该书与《理性之蚀》的关系详见本书后记。——译注

定的情境中，就内在或外在、主观或客观层面，区分不同的行动，就像区分许多可能的路径一样。无论"自由"的衡量更多地取决于心理还是身体条件（取决于把自己呈现出来以供选择的客体，还是取决于主体利用客体的能力），对个体或者团体来说只有通过分析特定的实例才能确定。行为的各种模式对一个人来说事实上是处于一种开放状态，伴随着他个人思想的在场和他个人的性格，二者结合提供一种当下可用的自由。当我们处理"自由"主题的时候，为我们打开无限视野的并不是"自由"这一概念中的独特的要素，而是"自由"无时无刻不在依赖的动机种类和范围。

我们都知道，在中世纪甚至近代，上帝的命令和人类对诅咒的恐惧在个人的实际决定和生活的一般方向中起到了决定的作用，正如对世俗力量的恐惧一样。事实上，在大多数情况下，前者和后者是一致的。即使在我们这个被认为是开明的时代，人们很少为了服从宗教冲动而放弃社会优势、威望和健康，在我看来，以前有意识地起决定性作用的相同的焦虑和信念仍在起作用。一个人会想要在来世再见一个亲近的朋友，他会想要带着安宁的良心离开。神学概念可能已经在现代科学的光芒下升华和重新诠释，但那些可能与世俗动机发生冲突的宗教动机，在我看来，在真正的信徒中基本上保持了不变。

关于在我的主题中所暗含的某些批判性的时刻，我必须同样敬祈各位谅解。请不要把我当成反对进步的敌人。"进步的汗脚症"（Sweaty feet of progress）这一说法实际上是来自一个比实用主义者更为忠于"进步"的人：卡尔·克劳斯。① 当我们在讨

---

① 卡尔·克劳斯（Karl Kraus），奥地利作家（1874—1936），著有《人类的最后时光》等。——译注

论当代对于自由的威胁时，我们无法避免去将其与以往更早的时期，尤其是与刚刚过去的 19 世纪末期相比，从而凸显其消极之处。相比于过去的一百年，没有任何一个时代在生产力、技术、商业，以及科学及政治的状况上，发展得更快。因此，如果对这种变化的积极方面——科学的征服，炸弹制造和太空旅行的成功，生活水平的提高，亚洲和非洲人民的"觉醒"——持怀疑态度；如果批评性地指出伴随这种进步而来的影响自由的结果，或者指出与这种进步密不可分甚至为其提供条件的倒退和全球大灾难；如果为了突出这种进步的负面维度，而将其与这种进步之前的时代进行比较，那么这些批判往往会被认为是反动的，或者是感情化的和浪漫化的。但是，如果反对这一批判，其实恰恰是为现存状况寻找一种辩护。

如果说社会"进步"要名副其实，它必须能够保存过去时代的美好事物。若是压制人们去反思社会为"新的奇迹"所付出之代价，而采取一种官方的乐观主义，其实就是自囚于邪恶现状之内。东方和西方都曾见证这一点。事实上，要想批判性地把握现在，就得洞察过往的不公和谎言，并且特别要有这样的认识，即早期的文化如何与自身的观念相矛盾：基督教的历史如何与基督教义相矛盾；资本主义的历史如何与资产阶级理想相矛盾；更不要说共产主义和卡尔·马克思。还有一点事实就是，我们所追寻的批判理论，相比于对其批判对象，总是毫不犹豫地将既存现状置于更为优先的地位。在时间层面如此，在空间层面也是如此。生活在自己的国家（比如德国），且花费时间热议俄国或美国，而不是去使用那些"应该"和"可能"的事物作为基础，去对自身的关键处境做出一种批判性的考察，这只是民族主义意识形态的直接证明。我们要求构建一个更好的社会整体，并以积极的方式发展技术打开的新可能性，只有当我们的良知拒绝轻易接受个人自由的消失时，这个要求才能得到满足。这种自由以前只限于资产阶级，但这一事实在此处不能带来任何改变。

我将要从一种历史性的反思开始。"自由"从贵族向公民过渡的历史进程在很多层面上和"自由"的倒退相联系。在19世纪的初期，虽然说手工作坊仍然存在，但是，无产阶级不再是（至少在理论上不再是）农奴，其他人再也不能像之前那样对待他。在三十年代的"捣毁机器运动"之后，英国的社会史就是一种追求民主并反对企业主权力的斗争。当依附性阶层的自由不断增加时，独立出来的那些人（资产阶级）就会发现他们自己在相互交往，以及与雇员交往的过程中，被迫去求得一种多样化关系的进一步发展，因而也就是求得一种他们自身特性的进一步发展。相比于经济竞争、贸易和工业，与工人阶级的关系同样也导向了一种人与人的相处方式的多样与改进，其结果是带来一种更大程度的"内在"自由，相较之下，贵族制所带来的是行为的"外部"特征。"自由"的限制引起了"自由"的进一步发展。当代技术革命在发达国家为大多数人带来一种更好也更为世俗化的生活（就像18世纪的革命为资产阶级所带来的），但是，它是否也带来了一个更大程度的人与人之间的分化，仍然是一个我们有待深化的问题，在此只能将其提出。我们将要简单地在这里提及几个要点，而这些可能暗示的是一种对于这个问题的否定性回答。

通过大众媒体和其他影响人们的手段来塑造思想和感觉，通过控制的方式呈现思考对象和处理对象的方式从而减少细致的个人思考，通过与主动的信息供应相捆绑的暗示和操纵，所有这些

217

都在我们面前被指出太多次，我们在此不必赘述。曾几何时，德国家庭仍然习惯性地拒绝电视（他们认为自己受过良好教育），这种拒绝在今日已成老套，它清晰地向我们显示了，时间已经不会倒流。一个孩子获取最初的知识的途径不是通过与父亲的互动而是通过屏幕和图像，不是通过自发的刺激而是通过对于符号的即时反应，最终的结果就是智力的消极状态，而这可能已然成为现实。但是，如果父母家中没有一台电视机，又会导致孩子在学校被同伴看不起，产生一种低人一等甚至更糟糕的感觉。这种正在发生的对自由的威胁无法通过逃至过去来寻求解决之道。

在人际关系中较少讨论的变化之一是，个人交往中的直接性已经消失。现代社会的巨大活力与个人的主动性完全不成比例。由于这个原因以及现代生活中的其他原因，个人不会把他人视为诸如观点上与自己亲近或疏远的人、需要被说服的人，或者是与自己在自己的事务中有所牵连或者可能被拉入这种牵连的人。对他人的承诺只会妨碍自己的事业，或者，正如一名聪明的年轻女学生所说，这只是一个人贴在自己身上的标签，如果它没有带来外在成功的希望，那么它只会带来伤害。在美国，许多生活领域已经达到了欧洲还在努力追求的地步，想要提供帮助的亲戚和年长的朋友会给没有经验的年轻人一些建议，比如他们去参加派对时："不要提出有争议的问题，不要过于坚持任何观点，不要在任何一个话题上谈论太久，偶尔讲个笑话让大家笑笑，不要过于严肃。"在美国，甚至有一本小册子为年轻人提供了与女性熟人相处的规则，包括什么时候以及如何在晚上去接她，如何邀请她进入他的汽车，以及"稳定约会"中涉及的内容。如果他在考虑结婚，并在几个女友之间犹豫不决，他将会找到一个列出可能特征的清单，其中包括女友的父母和她自己的性格。勾选出积极特质；得分最高的女孩是最好的选择。这样的选择将是理性的，并且具有最大的成功机会；它肯定不会比在激情的瞬间做出的选择更糟糕，但会将男人的整个未来捆绑于其中。不要把这本小册子看作是一个孤立的现象，也不要把它看作是一个追求轰动效应的作者或出版商的作品。它更像是成熟和社会规范的象征，而当今社会在各个方面都需要这种规范。而且，这本小册子是由全球最大的同类组织——基督教青年会（Y.M.C.A.）出版的。

调控个体之间的关系不仅来自有意识的引导。这里，现代摩天大楼的薄墙可以被视为象征。邻居会偷听你的对话，甚至电话也不能保证私密，智者只会说出他愿意让所有人知道的事。奥尔德斯·赫胥黎（Aldous Huxley），乔治·奥威尔（George Orwell）和万斯·帕卡德（Vance Packard）让我们意识到，进步如何伴随着间谍工具和方法的扩散。这一切对我们的言谈的影响是显而易见的。句子，判断，以及最终的思想都被塑造得至少不会妨碍成功。在老一辈人中，他们仍然通过有意识的过程行事谨慎：一个人必须表现得最好。然而，在年轻人中，言语被经验为已经受到公众的影响。除了秘密，每个人都以符合他的群体或职业的方式思考和发言。

这种发展的一个效果是，伟大的词语，甚至包括宗教和民族的词语，包括"自由"在内，失去了它们的意义。它们作为惯例的要素而不是良知的要素。它们变得越来越成为日常用语，就越不被认真对待。不久前，我收到了一份关于教育改革的善意小册子，并请求我仔细阅读。在第一页上，"自由"一词被使用了13次。在我的回答中，我说如果我在商业广告中看到诚实一词使用了 13 次，我肯定不会从这样的商店购买任何东西。这些伟大的词语变成了陈词滥调，语言变成了一种不冒犯他人的手段，因为这个世界有些东西可以给我。个人表达能力的衰退，通过家庭和学校中的语言的程式化而实现，在职业生活中进一步发展。在资产阶级家庭中培养的仪态，在 19 世纪仍然具有经济意义的与商业伙伴之间的个人行为形式，由于商业中更为发达的劳动分工和其他机械设备的出现，早已成为过去的事情。当大型企业发起和发展业务关系时，它们丝毫不会受到其他组织的高雅态度和修养言辞的影响。在努力理解复杂的现实结构（我们在这里不谈论技术和政治能力）时，关键是要具有自我意识，以积极的方式行动，尽量避免与他人划清界限，并将语言仅仅作为一种交流工具使用；专门的自我表达只会制造障碍并使他人产生疑虑。

随着在一个越来越自动化的世界中对人类的要求变得越来越少差异化，冲动和个性也趋同。在卢梭的《爱弥儿》（*Emile*）或歌德的《威廉·迈斯特的学徒时代》（*Wilhelm Meister*）中，个体的教育被视为一种非常独特且不可复制的过程。相反，现在，教育也正在被模式化。即使是对自由和个别待遇的渴望，这在许多方面必须被放弃，因为中小学和大学人满为患，也会产生其相反的结果：机器的增加和随之而来的人格解体。在学校中，教师们承担着繁重的教学任务，包括广泛的教材和众多的学生，因此必须利用在其他环境中已经普遍使用的教学辅助工具：录音和教学影片，以便为学生提供在学校中应该得到的为生活做准备的教育。同样，在大学阶段，学术困难也无法在没有进一步的技术支持的情况下克服。为了争取在庞大的礼堂、课堂和无尽的考试中找到一席之地（安排考试的教授们自身也备受不断增长的专业文献和无尽的学术会议之困扰），这不可避免地迫使他们采取一些形式的减压措施：录制和广播讲座，增加机械设备的使用，以及详细的规章制度。不仅教授职位的数量，而且其他学术职位的数量也与需求完全不成比例。如果要扩大或者更确切地说，重塑未来客户的选择自由，除了将这些学生引导到更有前景的学科，更广泛地规范学习，更多地集中注意力在一旦选择的学科以及那些对其有贡献的次要学科上，不再允许偏离其他学习领域，限制学生可以参加的学期数量，甚至比现在更少地关注通识教育之外，别无选择。

显然，为了自由而限制自由一直是必要的，甚至与自由的概念密不可分。但是这个原则在每个历史时期的运作方式并不总是相同的。在特定的历史情况下，无论多么明显合理的规定都可能变成一个障碍，并成为倒退的症状。请允许我在这里进行一次哲学的离题，这是一种我主题不需要的，也不是由我们一直在谈论的任何现代学科的考虑产生的告白。个体可能渴望自由和救赎。然而，人类作为一个整体是独一无二的，因为它总是通过统治、剥削、屠杀和压迫其他生物，甚至如果需要的话，压迫人类自身来维持自己的存在，而且至今仍然如此。没有什么，甚至是真理和宗教，是太神圣而不能被转化为权力的工具。唯心主义哲学选择坚持为了更大的自由引入的限制必须确实引导人们进入自由的领域。唯物主义哲学在应用它时也接受了同样的观点。当然，社会自由是不可能没有强制力就能实现的。如果社会要维持在一起，就需要许多令人讨厌的活动，包括维持监狱和生产杀人武器。放弃这些就等于放弃生活本身。但是，对存在的真正操作条件的反思应该阻止具有历史意识的人对未来过于乐观。在1910

221

年，那些认识到自己是德国人的人在谈到战争问题时说："不会再有战争了；皇帝不会允许的。"实际发生的是倒退到比前一个世纪早得多的阶段。我们现在所拥有的突破和伟大的发明与我们自己经历的可怕事件密切相关。但是让我们回到学术职业以及它们在人与人关系中所扮演的角色。大学培养的是专家。随着知识范围的增加，专业化以及人际关系的必然物化也在增加。在世纪之交，一个热心的学生还可以不仅掌握他的专业部分的整个领域，还可以掌握邻近的领域，甚至其他学术领域的一门或另一门学科。今天，人们仍然习惯于把前几个学期，部分地根据口味，部分地根据入学考试的要求，用于在许多领域获取知识。但是随着学习的进展，特别是在随后的实践教育期间，专业化越来越明显。因为在特定领域的征服带来了越来越多的细分，掌握其中任何一个都需要和以前整个特定科学或甚至整个曾经包罗万象的哲学一样精确的知识，而现在这个哲学已经被降级为一门专门的学科。与此同时，知识的性质正在改变。早期的化学家并不仅限于理论上理解各种化学物质的性质和用途。然而，今天，无论大学传授的知识有多么令人惊奇，无论它可能涵盖整个化学领域，与工业中使用的高度差异化的技术相比，它仍然是理论性的和一般性的。与其他科学的学生相比，化学系的学生必须通过无尽的学期，研究数目惊人的次级专业化领域。然而，当他作为一名年轻的博士最终开始在某个行业工作时，他必须在许多方面重新开始。学术专业化是不够的；当开始实际应用时，必须进一步深化。

在少数领域，科学进步对人与人之间的关系及其自由交往的影响如在医学领域中那般明显。每个人都承认，对人体器官的功能和病理学的理解已经极大地增加了。现代科学仍无法对抗的少数疾病正在被如此仔细地研究，以至于对最终结果的疑虑几乎不再可能。事实上，如果社会能将用于防御和相关事务的一部分资金投入医学研究中，那么癌症和今天仍然威胁我们的许多其他疾病很可能早已被征服。此外，医学中不断增加的专业化早已被视为理所当然，因为它与提供医疗援助的可能性增加密切相关。医学研究和治疗被分配给越来越多的医生类别，临床医生的能力与科学知识的范围相比变得越来越有限，专家之间以及与家中和医院的病人的沟通变得越来越正式和复杂，这是不可避免的。出于许多原因，医生对个别病例的熟悉已经成为过去，因为这种熟悉的本质总是具有历史维度。我的意思是，它不仅仅依赖于病历中给出的信息，而且需要对各种生物学、家庭和性格特征的背景有所理解；这是家庭医生过去对他的中产阶级病人所拥有的那种知识。随着专业化的发展，医生和患者之间的关系发生了根本性的变化，治疗方法也发生了变化。至少在大城市中，对患者进行检查的方式在很大程度上已经让位于机器。医生直接听取患者的心脏声音而不是进行心电图检查已经变得不常见，最多只能将这种直接听诊作为补充手段。甚至医生亲自检查心电图的做法从原则上已经过时了。现在我们有了比普通医生更准确评估的机器，即使后者并不是没有时间来做这些评估。机器能够观察到微小差异，这些差异超出了人类的诊断能力；在最先进的机构中，机器甚至能够捕捉到肉眼无法察觉的微妙差别和诊断医生无法确定的症状。因此，负责任的医务人员越来越依赖机器进行检查和诊断。在私人诊所，尤其是在医院中，医生越是认真对待自己的角色，他的角色就越像工业中的一个管理者。与对象的关系——在这种情况下指的是病人和患者的关系——已经通过机器及其操作人员的介入而变得如此中介化，以至于我们不能再谈论医生和病人之间的自由、互动和自发的互动。至少趋势是如此。顾客，就像在任何垄断情况下一样，面对的是一类专业人士。他越是耐心和服从指令，他就越有可能得到这个巨大系统，这个技术的奇迹，为他提供健康，就像其他制造商为不熟练的购买者生产汽车一样。科学和技术越先进，消费者就越不需要期望在交易中行使任何更大的自由，他只需陈述自己的需求、遵守指示并支付账单即可。

人类关系中的自由减少因此是为因生活水平普遍提高和寿命延长而产生的更大程度自由所付出的代价。在这些减少中，对专家指令的自动反应是一个典型和症状性的反应，不仅是对医生，也普遍适用对其他专业人士或权威人士的反应。在自由主义时代，自由与商业和其他生产企业密切相关。在所谓的社会市场经济中，同样的角色是由实践层面对所知更多之人的服从所扮演的：从政治，工业，政府，和工会的专业人士到交通警察。客户的优越性和威严，尽管在国与国之间的外交政策中仍然是一个重要的因素，现在在个人面对广告技术、商品的标准化、和其他经济现实时几乎不再起作用。即使是"自由时间"（休闲），有时会与自由混淆，例如长途旅行的形式，通常也是由专家组织的。

然而，自由不仅是假期的问题，还涉及专业工作或家务职责之外的其他时间：与家人在家的晚上、星期天、去教堂。我们仍然称之为基督教文明的这些发展对宗教和家庭的影响程度如何？是否可以说宗教意味着对这个世界的内在独立，或者即便在经验意义上也是自由？例如，想想《约翰福音》。基督教，在许多新

教的解释中，是否代表了对异教权力所赋予之权威的反对？上帝
创造日月的记载，以及"他"全能的教义，是否意味着与各种形
式的异教相反，即除了上帝的意愿和话语，任何力量和存在，无
论是人还是神祇，都不能在我的生命深处统治？而就我们而言，
不能通过任何仪式、机构、世俗契约，甚至不通过禁欲主义，来
影响我们对其负有责任的那位"他"？这样理解的基督教是否与
从众行为完全相悖，尽管世俗权威在这方面经常受益于宗教？不
从众、自由、对某个与现状不同之他者自主服从，这些都可以被
视为典型的基督教实境。然而，重要的问题是：人应该以什么意
义，依据什么，朝什么方向，为了上帝而抵抗这个世界？信靠上
帝的人在做决定时应该依附于哪种安全？答案可能是：兄弟之爱
的诫命。我不敢妄自揣测将此诫命更具体化。我只是想指出，根
据个人经验，它对我意味着什么，以及为什么我相信即使这种最
高的自由也不能免于历史带来的威胁。

在犹太教和基督教中，邻人之爱一直作为正确行动的准则
扮演着重要的角色。在我自己信奉的犹太教中，这种爱与基督教
中一样，与个人灵魂概念和死后生命概念关系较少。期待更多地
集中在有一天会出现在地球上，并带领每个国家的正义者前往锡
安的弥赛亚身上。这种信仰不断地通过对地上不公正的体验得到
重新振作；它决定了正统犹太人对所有仪式的一丝不苟的遵守和
自由派犹太人对他的宗教的坚守。尽管概率微小，尽管此前的历
史进程并非如此，但期待有一天会如托拉和先知们所承诺的那样
出现天堂，是犹太人之间以及犹太人与正直的外人之间的团结的
来源。在犹太母亲的眼中，她意识到在她去世很久之后，她的儿
子可能会经历弥赛亚的到来，甚至他自己可能就是弥赛亚。基督

教母亲的爱是由这样的信念所支持——虽然充满谦卑但是同样确信——相信她的孩子属于蒙选之人、拥有不朽灵魂的信念。宗教对自然母性的提升和尊严化有时会影响那些被以这种方式、如对孩童一般爱护和珍视的那些人的生活。心理学研究告诉我们，一个人生活的头几个月和几年对他以后的性格产生决定性影响。[①]它们往往决定了这个人是否有真爱的能力，或者他本质上是否冷漠和以自我为中心，以至于每个必须和他打交道的人都只是手段，从不是目的。对于那些受到（良好意义上的）宗教教育的人来说，实证自由意味着什么，与从未接受过这种培训的人相比，就是具备奉献的能力，并且根据基督教创始人提供的模式行事。我们在那些善行的圣徒身上可以具体看到这一点。本质上，我们在法国革命、美国宪法和马克思学说中以世俗化形式找到的是相同的事物。当个体仅仅以纯粹概念的方式而不是通过个人经验来理解它时，它最终就失去了其意义。如果一个充满爱心的母亲，或者替代她的某个女人，在孩子的生命初期就真正帮助他，那么基督教就能在他的生活中成为现实。因此，在伟大的宗教艺术中，玛利亚所扮演的角色具有积极的价值和意义。但是，社会变革影响了父母与子女之间的关系，而邻人之爱的动机，它在很大程度上决定了不同于顺从世俗之行为，这一动机本身也被卷入了变革的潮流。显然，甚至男女间的爱情也受到社会变革的影响。这种爱作为历史现实，它与宗教这两者间密切相关（两者间的冲

---

① 参见雷内·A. 斯皮茨（Rene A. Spitz）所著《生命的第一年：正常与异常客体关系发展的精神分析研究》（*The First Year of Life：A Psycholanalytic Study of Normal and Deviant Development of Object Relations*）（纽约：国际大学出版社，1965 年）。——原注

突是伟大的资产阶级文学中一个常见主题，就是证明），而家庭，其结构和社会功能的变化比社会学家所愿意承认的甚至更加迅速，曾是这两者的基础。

出自一个有序家庭、一个没有被命运迫使偏离其正确道路的人，他在成年后会保留一些儿童的特质。我甚至认为，成熟之中有一些孩子气。没有一定的天真，人是无法完全长大的。在他最早期的行动中，孩子还不知道他的环境和自己、母亲的胸脯和他自己的身体之间有任何区别。他只是逐渐学会了各种物体和名字，其中包括一个他自己的名字；后来他学会了更进一步的区别，他用名字和第三人称来谈论别人，只用第一人称来谈论自己，即"我"。这个"我"是人类长期生物心理发展的最终结果，每个个体都以缩短的形式重复这个过程。如果这个过程的重复以一种突兀的方式、在一个过于冷酷和无情的气氛中进行，那么，与他人的分离感和不可接近性将一直是这个个体的特征，直到最后。爱，真正的爱（那种包容所有人，甚至是敌人的爱），也显示出形成自我之前阶段的痕迹，无论那个自我可能发展到何种程度。孩童特质的人和成年特质的人，其互动若是在一个或另一个方向被干扰，文明越是接近这个被干扰的点，自由就越受威胁，因为自由是通过为认同和爱所开辟的可能性所扩展。因此，我认为，在我们这个自动化、规范化的世界中，福音中说的"变成像孩子那样"，正越来越不够用了，因为这个世界需要的是会自动反应的人。随着个体在相对自由中竞争的经济逐渐消亡，随着一个由竞争的国家和权力集团组成的世界的出现，那些呼吁个体作为负责任之主体的宗教，至少在某种程度上，正在让渡它的部分意义给国家主义。在生活中每个行动中积累的那种来自永恒思想的意义，正在被集体的绝对化所取代，而个体感觉自己已被融入其中。

　　讨论的主题越是严肃和重要，"你"和"我"的重要性就越小；"我们"必须成为主角，即使是在讨论罪与无罪的主题上也是如此。这里我们有犹太人对人民的强调，然而差别是，最后不再是弥赛亚，而是尽可能长久之权力存在于此。这种权力服务的最终目标不是永恒的正直，甚至不是救赎，而是国家。有限的对象在人们的意识中膨胀成无限，必然会暴露其作为替代品的特性，即使无数的人或多或少自愿地为它牺牲自己。因此，对这样一个可疑的生活终极意义的坚持总是倾向于演变成一种狂热的痴迷。当然，欧洲的历史证明，即使是一种人们在心中不信仰的宗教，也可以激发大规模的屠杀，从而就变成了自身的替代品。阿米安的彼得（彼得·赫尔米特）①、克莱尔沃的伯纳德②与流行的煽动者及领袖的区别在于，他们极大地、超乎常人地背叛了自己所传播的话语（尽管那个话语已经腐败和无法识别）；而另一方面，极权主义的杀戮是不存在这种矛盾的。在这两种情况下，门徒们都在利用他们内心不相信的东西，以便将他们自己无法去爱的绝望投射在别人身上。这就是为什么无论意识形态如何符合时代精神，以意识形态替代真理总是带来群众疯狂的危险。为了防止其内容堕落为致命的迷信，各种宗教信仰的当代努力不仅是源于自我保护的本能，还源于客观的必要性和对这种危险的认识。

---

　　① 彼得·赫尔米特（Peter the Hermit），也被称为小彼得或隐士彼得，约1050—1115，法国亚眠的一位教士，在十字军东征时发挥了重要作用。——译注

　　② 伯纳德（St. Bernard de Clairvaux），也被称为圣伯纳德，天主教熙笃会修士，约1090—1153，修道改革运动领袖，被尊为中世纪神秘主义之父。——译注

除此之外，还需要克服宗教人士对科学的公开反对，因为在当今人们的思想中，这种反对对严肃信仰造成的危害比对科学的危害更大。例如，宇宙的画面中，太阳不仅仅是一粒微尘，而且小到像一颗原子（更不用说地球和人的大小了），这很难与上帝以地球开始他的创造、且所有现实的救赎都在这里发生的想法相协调。"那位在上的"（The One Above）这个短语，在17世纪就已经过时，但仍在使用，不仅仅是虔诚的人（尽管后者深信不疑地使用它），而这个短语被孩子说出来时，并没有任何对其含义的理解。最初，这个短语直接指的是"上面"的天堂；此外，如果我没记错的话，一个强大的个人作为最高上诉法庭的形象源于一个尚未接受日心说的时期。今天的孩子说"那位在上的"时，他能得到的唯一具体的形象可能就是工业经理或首都的官员。这令人苦恼。因此，人们是有意以象征性的方式使用这个说法。但是，就可以集中在"天堂"一词的宗教思想而言，当代普遍对其采取象征性解释，这是有问题的。尽管是在更普遍的范围之内，但上帝的力量真的应该按照政治权力的模型来理解吗？如果不是，为什么我们发现这个成问题的符号不仅被儿童使用，而且被他们的长辈使用？几十年来，我一直在和保罗·蒂利希 [①] 讨论这个问题，对许多宗教思想家而言，比如约翰·罗宾逊 [②]，他都是重要宗教范畴象征性解释的来源。如果一个符号没人知道其象征性意义，那这个符号是什么？如果一个旗帜可能表示一个国家，或

---

① 保罗·蒂利希（Paul Tillich），也称为保罗·田立克（1886—1965），基督教存在主义神学家，曾任教于哈佛大学。——译注

② 约翰·罗宾逊（John Robinson）（1576—1625），英国17世纪"分离主义"宗教改革运动领导者之一，曾引导受迫害的清教徒乘坐"五月花号"离开英国前往北美大陆。——译注

者可能表示完全不同的东西，那它只是一个布片和一根杆子吗？如果一个象征性的内容可以成为思考的对象，那么它就可以被表达；否则，一个符号就成为一切事物的标志，因而什么都不是。

象征性解释是绝望者在不承认自己绝望的情况下采取的逃避方式。如果我理解得正确，基督教宗教的决定性概念之一是不可分割地将个体灵魂与特定的个体自我联系在一起。与佛教不同，这个教义认为灵魂和自我将进入永恒。另一方面，对于当代心理学和启蒙主义而言，自我是历史和个人发展的结果；在毒物、疾病和老年的冲击下，自我崩溃，而其持久性需要不懈的努力。我们怎么能相信一个如此脆弱和短暂的人类自我是永恒的，无论它多么顽强地追求生命？这种悖论必须减少。将永恒的灵魂作为象征，似乎减少了经验和信仰之间的对立。但是，这种让步是代价昂贵的。每个爱人都对一个对于信仰如此重要的概念转化为纯粹的象征而感到痛苦，在新的观点中这种痛苦并没有消失。必要的象征化尝试放弃了更多它自身并未意识到的东西。

自由主义的观点倾向于以象征性解释为手段来拯救永恒真理思想（这个思想科学早已放弃），与此相对立的是，保守主义坚持以最字面的方式坚守旧的和传统的。对于向启蒙观点的让步以及与理性思考之间的妥协，保守主义者以原文原义方式重复圣经和传统观念的虔诚来表达反对。权威和不宽容必须毫不妥协地被捍卫。这些人在拒绝做出改变的时候，忘记了只有当精神态度能找到一个能够适应不断变化的历史现实的新表达方式时，其背后的含义才能生存下去。对旧的忠诚不在于重复它，而在于在每一个历史转折点，用新的词和行为给予它新的表达。如果它要继续保持其原始的含义，那么传统必须不断以适应时代，适应它，同时又与它相悖的形式出现。不考虑变化世界的忠诚其实并不是忠诚。无论在教会的内政或外交事务中权力崇拜何时浮出水面，无论神职人员何时具有权威主义的特质，总会引发一个问题：基督教的创始人，如果他再次来临，是否能够像教会早期开始那样，能在教会中找到一个避难所。在他所处的时代，他对主流规则和习俗不甚在意；他的行为与常规方式相反；他与异教徒更亲近，而不是与正统派。他难道不会在火刑架上的无神论者身上看到自己，而不是在火刑执行者、法官或祝福整个事件的祭司之中看到自己？无论是坚持传统不变的主张，还是其分离转化为象征主义（无论提供的本体论理由是什么），都无法摆脱当今国家主义、极权主义的全面威胁。原因之一是，每种态度都显示了某种意图，即在一个已经走得太远以至于无法倒转的时代里继续存在。

在经济、家庭、教育、政治和日常生活等领域，自由退化的一些表现已经被揭示出来。其中，我认为最重要的是主体性从个人转向集体：小圈子、专业阶层、政党、国家。我将宗教信仰列入集体的范畴，因为有时它们以趋向威权主义的方式表现出来。甚至在日常生活的最简单细节中，集体代替个体的现象也显露出来。在1900年左右，一个人过马路是由他自己决定的。他向左右看，倾听马蹄声，根据自己的选择，缓慢或迅速地直接或斜向地走向对面。而今天，20或30对眼睛注视着红绿灯或交通警察，等待指示。驾驶员必须注意的信号要多得多；它们不仅决定了他的停车和行驶，还决定了他的速度和方向。在大型国家中，前方道路的曲线形状甚至会在路标上复制出来，而在随后的时刻内，驾驶员必须适应这个小画图。行人和司机一样，都形成了一个群体；两者都对指示做出反应，没有这些指示，根本无法想象他们在行动。在生活的每一个领域，即使像驾驶员这样的领域，一个人作为个体做出反应，他也会将自己视为一个群体的成员，一个群体的代表。当代社会固有的趋势体现在用于指导邮件的数字中。城市的名字是多余的，是不必要的额外负担。记住街道名字就已经够麻烦的了！现在为电话和汽车所采用的方式很快就会应用到人类个体上；我们用于护照、身份证和社会保障的数字正在指引着方向。实际上，除非将标志系统扩展到个体，整个行政过程就无法成功。然而，在社会中发生的事情，在卷入这个过程的人们身上表现出其全部效果。现实迫使他们在社会整体中体验自己的真正意义。归根结底，可以使这种体验相对化的思想与神学是密不可分的，随着这些思想的消退，数字世界正在成为唯一有效的世界；个体主体仍然独特的文化时代已经结束。自我作为一个有自己灵魂的自主个体的意识正在被集体心态取代；我几乎可以说，早期的自我意识现在正在被忘记。这个现象在其含义上并不完全消极。从自我意识到社区意识的转变，以及对个体的否定（这无不是现代生活的一部分），其中确实具有从自我主义中和自爱主义之中转向的一个元素。整个过程的意义将取决于在一个受规则管制的世界中，个体自我是否会被提升到一个更高的层次并得到保护，或者仅仅被遗忘。

我在这里的言辞受启发于对遗忘的怀疑，而遗忘正是忠诚的对立面。如果我的怀疑是合理的，那么当代的发展意味着对个体的彻底消除，即使这种发展不会导致灾难，而是带来更大的安全、社会的合理化、规划和人均消费品的增加。鉴于个体的不可预测性，他们可能会认为这种消除是可取的。认为个体主体没有意义的理论和基于这一理论的政治并不专属于某个国家。这种理论和政治也捕捉到了新实证主义的客观意义，新实证主义是当代西方世界最先进的哲学。新实证主义是启蒙主义倒立的形式。但是根据我对我所获得邀请的理解，我只谈到了个体的自由问题，没有这种自由，基督教是不可想象的。

译后记（代跋）

对"法兰克福学派"的代表人物霍克海默来说，1947 年是一个关键年份，在这一年他有两本重要著作出版，其一是他和阿多诺合写的《启蒙辩证法》(德文版：*Dialektik der Aufklarung*：*Philosophische Fragmente*)，而这也几乎是法兰克福学派最为学界所知，也最具代表性的著作，另一本即是其个人专著《理性之蚀》(英文版：*The Eclipse of Reason*)。1944 年春，因纳粹掌权而流亡于美国的霍克海默在哥伦比亚大学以"社会与理性"为总题做了五次演讲，而《理性之蚀》即是这五次讲座的内容合辑而成。

《启蒙辩证法》之于法兰克福学派的重要意义学界已有诸多阐释，兹不赘述，但是，对理解这一学派的批判理论而言，《理性之蚀》的重要性其实不亚于《启蒙辩证法》，特别是对理解"工具理性"这一重要概念的形成，该书更是有着重要的奠基性意义。在这一著作中，霍克海默仔细梳理了"理性"这一概念及其表征之内容在西方文化史中的流变。首先，霍克海默对理性概念做出了进一步细分，他认为理性可以分为两种，此即"主观理性"（subjective reason）和"客观理性"（objective reason）。所谓主观理性，从根本上来说关注的是以何种手段达成自身的目的，是否能够达成目的才是最重要的，至于目的本身怎么样它并不在意。这一"达成"的关键要为主体的利益服务，尤其是控制周边的资源服务于自身生存和发展的利益，从某种程度上来说，"主观理性"相当于霍克海默和阿多诺在《启蒙辩证法》中所说的"工具理性"。

与此相对的理性是"客观理性"，它并不专注于以"各何方式"达成目的，而是专注于"目的自身"，而这种"目的自身"在它那里就是具备至高地位和普遍性的概念或观念，这样的概念或观念对今天的我们来说可能是太过抽象的、或是充满了神话色彩，比如"至善"的观念。对客观理性来说，这样的概念或者观念也可以发展成为一种包容万有的体系结构，并且成为衡量个人和群体思想和行为是否"合理"的标杆。追求客观理性意味着这样一种坚定信念，此即笃信包罗万象的、或者根本性的存有之结构是可以被发现的，而且可以从中构想出某种人类的终极目标。比如说，柏拉图在《理想国》中就致力于去证明，依据"至善"这种"客观理性"生活的人也就会拥有成功、快乐的人生。

霍克海默指出，"理性"的这两种维度之间并不是对立关系。《理性之蚀》为我们梳理出这样一段颇具黑格尔色彩的"精神现象"史：在西方文明的源头，理性的主观维度和客观维度从一开始就都已存在，也曾经和谐共存，比如在古希腊时期。只是从文艺复兴时期开始，理性的客观维度逐步开始逐步式微，直至19

世纪晚期资产阶级彻底取得了统治地位，"主观理性"也就压倒了"客观理性"，居于统治地位。理性的主观化历程几乎和资本主义的发展史是同步的。主观理性本质上也就是一种计算概率的能力，因而也就是将手段和目标协调起来的能力，一种纯粹利益的考量。篇幅所限，这里不再详述其中细节，但霍克海默想要借此指出的是，主观理性最终定于一尊看似为我们谋求了最大化的利益，但其实使我们付出了巨大的代价，比如，当理性不再具备客观维度时，那么，只要符合利益的需要，公正、幸福、民主等曾经被视为"真理"的种种概念就不再是人们坚守的绝对准则，也不再需要经历逻辑层面的智识检视，而完全成为空洞的口号，甚至可以被统治阶级随意拿捏和改造，用于意识形态的操纵，抑或使其成为暴虐统治的帮凶。

最后，关于《理性之蚀》有一个重要的版本学问题，在此有必要根据学界现有成果简单交代，以免造成读者的困惑：在《理性之蚀》以英文出版后，德国学者阿尔弗雷德·施密特将这本《理性之蚀》翻译成德文，并为整书配以德文标题"Zur Kritik der intrumentellen Vernunft"（在德语中这一标题意为"工具理性批判"），因此，德文版《工具理性批判》就是英文《理性之蚀》的德文译本，除了标题和所用语言存在不同，内容几无差别。虽然霍克海默的多数著作是首先以其母语德文写成，但《理性之蚀》这一著作恰是首成于英文，英文版出版在前，德译本在后。

让人晕头转向的是，在1974年，又有英文本《工具理性批判》（*The Critique of Instrumental Reason*）出版，要注意的是，万不可被这本书的标题蒙蔽，好像它和《理性之蚀》存在关联，但其实这一英文著作与《理性之蚀》、与德文本《工具理性批判》

都不存在内容上的对应关系，它不过是霍克海默战后录音文本的选集，也即"1949—1969 年笔记"的选集，只不过编者给安上了这个名字而已。也正因此，英文本的《工具理性批判》才会经常被人混淆于这本《理性之蚀》(以上相关考证见王凤才教授《〈工具理性批判〉与〈理性之蚀〉关系考》，《国外社会科学》2014 年第 9 期)。不过，虽然英文版《工具理性批判》与《理性之蚀》，以及《理性之蚀》的德译本《工具理性批判》并无内容的直接关联，但是，英文本《工具理性批判》用了"工具理性批判"这一表达作为书名也并非偶然，也是因为主编觉得这个标题比较能够代表霍克海默思想所以才"出此下策"，而英文的《工具理性批判》中的一些篇章也确实跟《理性之蚀》中表达的思想存在一定的关联。因此，本书在"附录"中选译了英文版《工具理性批判》三篇文章，以便读者更进一步考察霍克海默的思想。

最后，感谢导师同济大学张生教授推荐我翻译此书，感谢上海人民出版社的于力平老师对我不完善的翻译工作的信任和耐心，当然，更要感激我的家人，他们的陪伴和包容一直以来都是我前行的最大动力。

2023 年 9 月，于上海

图书在版编目(CIP)数据

理性之蚀/(德)马克斯·霍克海默
(Max Horkheimer)著;郑兴译.—上海:上海人民出
版社,2024
书名原文:Eclipse of Reason
ISBN 978-7-208-18763-4

Ⅰ.①理… Ⅱ.①马… ②郑… Ⅲ.①理性-研究
Ⅳ.①B017

中国国家版本馆 CIP 数据核字(2024)第 044801 号

责任编辑 于力平
装帧设计 @Mlimt_Design

理性之蚀

[德]马克斯·霍克海默 著

郑　兴 译

出　　版　上海人民出版社
　　　　　(201101　上海市闵行区号景路 159 弄 C 座)
发　　行　上海人民出版社发行中心
印　　刷　苏州工业园区美柯乐制版印务有限责任公司
开　　本　635×965　1/16
印　　张　15.75
插　　页　2
字　　数　171,000
版　　次　2024 年 3 月第 1 版
印　　次　2024 年 3 月第 1 次印刷
ISBN 978-7-208-18763-4/B・1736
定　　价　78.00 元

马克斯·霍克海默

《启蒙辩证法：哲学断片》

《批判理论》

《文化批判》

《理性之蚀》

特奥多·阿多诺

◇ 阿多诺选集·哲学

《道德哲学的问题》

《否定的辩证法》

《美学理论（修订译本）》

《最低限度的道德：对受损生活的反思》

《黑格尔三论》

《认识论元批判：胡塞尔与现象学的二律背反研究》

《本真性的行话：论德意志意识形态》

《批判模式》

《棱镜》

◇ 阿多诺选集·音乐

《论瓦格纳与马勒》

◇ 阿多诺选集·遗著

《辩证法导论》

尤尔根·哈贝马斯

《交往行为理论(第一卷)：行为合理性与社会合理化》

《包容他者》

《后民族结构》

《欧盟的危机：关于欧洲宪法的思考》

Frankfurter Schule
法兰克福学派书系

《社会科学的逻辑》

《真理与论证》

《在自然主义与宗教之间》

阿克塞尔·霍耐特

《权力的批判：批判社会理论反思的几个阶段》

《为承认而斗争：论社会冲突的道德语法》

《承认：一部欧洲观念史》

《理性的病理学：批判理论的历史与当前》

《再分配还是承认？——一个政治哲学交辩》

《正义的他者》

《时代的活体解剖：20世纪思想史画像》

《承认还是歧义？——一场辩论》

南希·弗雷泽

《食人资本主义》

《正义的中断：对"后社会主义"状况的批判性反思》

《正义的尺度：全球化世界中政治空间的再认识》

《伤害＋侮辱：争论中的再分配、承认和代表权》

哈特穆特·罗萨

《新异化的诞生：社会加速批判理论大纲》

《不受掌控》

《晚期现代社会的危机：社会理论能做什么?》

莱纳·福斯特

《辩护的权利：建构主义正义论的诸要素》

《正义的语境：超越自由主义与社群主义的政治哲学》

《冲突中的宽容：一个争议性概念的历史、形态和当下境遇》